일본어 독해력 완성 프로그램
다락원 일한 대역문고
고급 6

아쿠타가와 류노스케의 라쇼몽

芥川龍之介の羅生門

芥川龍之介 著 | 남철희 譯註

다락원

머리말

『다락원 일한 대역문고』 고급 시리즈는 일본어에 대한 체계가 잡혀 있는 중급 이상 수준의 학습자가 일본 문학작품을 통해서 일본어에 대한 이해를 높이는 것을 목표로 만들었습니다.

일본 국내외에서 완성도를 인정받은 일본 문학작품으로 일본어를 학습한다면 일본에 대한 지식도 쌓을 수 있어서 일본어 학습이 더욱 유익해질 것입니다.

일본어에 대한 감각이 일정 수준에 달하면 정확한 전달력뿐만 아니라 풍부한 표현력에 대한 요구도 강해집니다.

그런 점에서 현행 일본 고등학교 교과서에 실린 문학작품과 일본 문학계에서 천재성을 인정받은 여러 작가의 유명 작품들로 구성된『다락원 일한 대역문고』 시리즈는 풍부한 일본어 표현력을 기르는 데 좋은 길잡이가 되어 줄 것입니다.

『다락원 일한 대역문고』 시리즈는 사전 없이 편리하게 학습할 수 있도록, 어휘 풀이는 물론 주요 문형에 대한 자세한 해설과 예문을 함께 실었습니다. 본문 해석은 직역(直譯)을 원칙으로 하되, 문학 작품임을 감안해 원문의 분위기를 흐리지 않는 범위 내에서 자연스러운 한국어 번역을 위해 의역(意譯)과 때로는 표현 가감을 선택했습니다. 『다락원 일한 대역문고』 고급 시리즈로 일본 문학작품을 읽는 재미는 물론 원어민의 정확한 발음으로 녹음된 오디오로 듣기 능력까지 함께 향상시키시기 바랍니다. 여러분의 일본어 학습에 도움이 되기를 바랍니다.

다락원 일한 대역문고 연구회

『다락원 일한 대역문고』 이렇게 보세요

어휘 설명

자세한 해설과 함께, 본문에 히라가나로 쓰인 단어 중 한자와 함께 익혀 두면 좋은 어휘에는 한자 표기를 병기하고, 또 예문에 쓰인 단어 중 읽기가 어려운 단어에는 읽는법을 밝혔습니다.

사진 자료는 어휘 해설에 대한 빠르고 정확한 이해를 도와줍니다.

문형 해설

주요 문형의 뜻풀이와 접속을 예문과 함께 알기 쉽게 정리했습니다.

일러두기

일본어의 한국어 표기는 다음과 같습니다.
장음은 단음으로 표기했습니다. 예 大阪 — 오사카
발음 표기는 로마자 표기의 발음에 따랐습니다. 예 つかう (tsukau) — 츠카우
촉음은 'ㅅ'으로 표기했습니다.

문형 접속 해설에 쓰인 활용형의 설명은 다음과 같습니다.
ます형(연용형) — ます가 붙기 이전의 형태
ない형 — ない가 붙기 이전의 형태
て형 · た형 — 각각 て · た가 붙은 형태
な형용사な · 명사の — な형용사의 어간에 な가 붙은 형태, 명사에 の가 붙은 형태
동사 · い형용사 · な형용사의 기본형 — 동사 · い형용사는 사전에 실려 있는 형태, な형용사는 어간에 だ가 붙은 형태
보통형 — 기본형, 부정형, 과거형, 과거부정형

MP3 파일

원어민 성우의 정확한 내레이션으로 듣는 즐거움도 쌓으세요.

목차

아쿠타가와 류노스케의
라쇼몽

芥川龍之介の羅生門

작가 소개

芥川龍之介(あくたがわ りゅうのすけ, 1892～1927)

東京 출생의 소설가로, 일본 근대문학에 새로운 지성과 감성을 조화시킨 수많은 명작을 남겼다.

新原敏三(にいはらとしぞう)의 장남으로 태어났으나, 갑작스러운 어머니의 정신이상 발병으로 인해, 외삼촌의 양자로 자랐다. 芥川는 외가의 성이다.

東京 대학 영문학과 재학 중인 1914년 菊池寛(きくちかん)(1888~1948) · 久米正雄(くめまさお)(1891~1952) 등과 함께 동인지 『新思潮(しんしちょう)』를 창간하고, 10월에 첫작품인 「老年(ろうねん)」을 발표하면서 작가활동의 기반을 마련했다.

1916年『新思潮』에 게재한 「鼻(はな)」가 夏目漱石(なつめそうせき)(1867~1916)에게 극찬을 받으며, 당시 쇠퇴하기 시작하던 자연주의 문학을 대신하여, 격조 높은 문체, 해박한 교양, 날카로운 감성, 다양한 소재로 일약 문단의 희망으로 떠오른다. 龍之介는 대학을 졸업하고 교편을 잡는 중에도 창작에 몰두해, 1917년 5월에는 첫 단편집 『羅生門(らしょうもん)』을, 같은 해 11월에는 『煙草(たばこ)と悪魔(あくま)』를 발간한다.

1918년 교직을 사임하고 大阪毎日新聞社(おおさかまいにちしんぶんしゃ)에 입사해 창작에 전념하기 시작한다. 1923년 神奈川(かながわ)에 있는 유명한 온천 마을인 湯河原町(ゆがわらまち)에 요양차 머물면서 많은 작품을 남겼는데, 이 시기에 「保吉(やすきち)もの」 등의 사소설적인 경향의 작품이 나타나기 시작해 이 흐름은 만년의 「歯車(はぐるま)」「河童(かっぱ)」에 이어진다.

어렸을 때부터 수재라고 평판이 자자했던 龍之介는 대단한 독서가로, 동서고금의 철학, 문학서를 탐독했는데, 작품 소재를 서적에서 구하고 있는 것도 이 때문이다. 도시인의 문학, 書斎人의 문학이 龍之介 문학의 특색으로, 이것이 그의 문학의 약점이자 매력이기도 하다.

1927년 7월 24일 「続西方(ぞくさいほう)の人(ひと)」를 완성한 후 치사량의 수면제를 복용하고 토쿄의 田端(たばた)에서 자살로 35세의 짧은 생을 마쳐 당시 사회에 큰 충격을 주었다. 지인에게 보낸 유서에 ただぼんやりした不安である라고 쓰여 있었다 한다.

그의 사후 문학적 동료이자 친구인 菊池寛이 「芥川龍之介賞(しょう)」를 제정해 현재까지 권위 높은 문학상으로 이어져 오고 있다. 그의 기일은 소설 「河童」와 河童 그림을 즐겨 그린 것에서 연유해 河童忌(かっぱき)라고 한다.

작품 소개

鼻

1916년『新思潮(しんしちょう)』에 발표되어, 夏目漱石(なつめそうせき)로부터 격찬을 받았던 龍之介의 출세작으로, '남의 행복을 시기하고 불행을 비웃는' 인간의 심리 해석을 가미한 작품이다.『今昔物語(こんじゃくものがたり)』와『宇治拾遺物語(うじじゅういものがたり)』에서 이야기의 소재를 취했다.

トロッコ

1922년 잡지『大観(たいかん)』에 발표된 단편소설로, 그가 한때 요양차 들렀던 湯河原(ゆがわら) 출신의 저널리스트가 쓴 글을 윤색한 것이다. トロッコ에 얽힌 소년의 기억을 작가가 소년과 함께 호흡하고 있는 듯이 그리고 있다.

羅生門

1915년 학술문예잡지『帝国文学(ていこくぶんがく)』에 발표된 작품으로, 鼻와 마찬가지로『今昔物語』에서 소재를 취했다. 천황 통치 말기의 황폐한 도시를 무대로, 살아가기 위해 악을 행하는 인간의 이기주의를 날카롭게 묘사하고 있다. 세계적으로 유명한 감독인 黒澤明(くろさわあきら)가 영화화 한 동일 제목의 영화『羅生門』의 원작은 龍之介의 단편소설『藪の中(やぶのなか)』로, 무대 배경과 노파의 옷을 빼앗는 장면만 차용했다.

蜘蛛の糸

1918년 7월 아동잡지 『赤い鳥』 창간호에 발표된 아동용 단편소설이다. 극락의 연못가를 걷고 있던 부처님이 자비의 거미줄을 드리워서 대도(大盜) 칸다타를 구해주려고 했으나, 혼자 살고자 욕심을 부린 칸다타가 다시 지옥의 피의 연못으로 떨어져 버리는 이야기로, 에고이즘으로부터 헤어 나오지 못하는 인간의 가련함을 그리고 있다.

杜子春

1920년 『赤い鳥』에 발표된 동화로, 원전인 중국 당나라 시대의 소설 「杜子春」을 龍之介 자신의 독자적인 동화 세계로 전개하고 있다. 杜子春이 신선이 되려고 모든 시련을 견디지만, 어머니에 대한 효성으로 신선이 되는 길을 포기하고, 성실한 인간으로 살아가고자 결심하는 과정을 간결하게 묘사하고 있다. 「蜘蛛の糸」와 함께 일본 아동문학의 걸작이라고 할 수 있다.

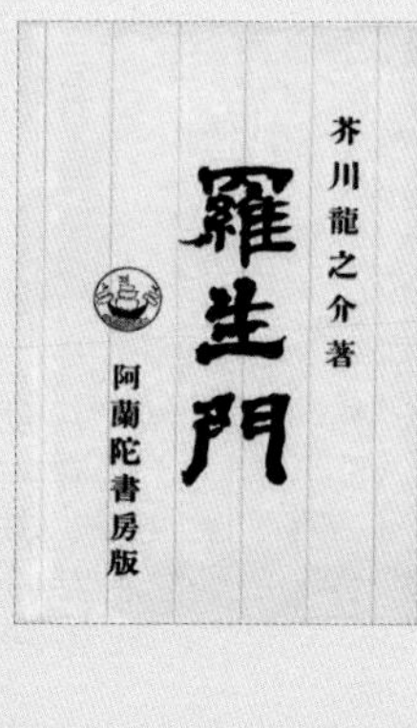

赤い鳥의 창간호와
羅生門의 초판본

鼻(はな)

禅智内供(ぜんちないぐ)の鼻(はな)といえば、池(いけ)の尾(お)で知らない者(もの)はない。長(なが)さは五(ご)、六寸(ろっすん)あって、上唇(うわくちびる)の上(うえ)から顎(あご)の下(した)まで下(さ)がっている。形(かたち)は元(もと)も先(さき)も同(おな)じように太(ふと)い。いわば細長(ほそなが)い腸(ちょう)づめのような物(もの)が、ぶらりと顔(かお)のまん中(なか)からぶら下(さ)がっているのである。

五十歳(ごじっさい)を超(こ)えた内供は、沙弥(しゃみ)の昔(むかし)から内道場供奉(ないどうじょうぐぶ)の職(しょく)にのぼった今日(こんにち)まで、内心(ないしん)では始終(しじゅう)この鼻を苦(く)にやんできた。

□**内供** 内供奉(ないぐぶ)의 줄임말로 옛날 궁중의 불사와 법회에 종사하던 고승 □**池の尾** 京都의 宇治(うじ)시에 있는 지명 □**者** 자, 사람 □**～寸** ~촌, ~치 〈1寸은 약 3cm임〉 □**上唇** 윗입술 □**顎** 턱 □**下がる** 내려뜨리다 □**いわば** 소위, 이를테면 □**腸づめ** 돼지 등의 장에 고기를 넣어 삶은 음식, 소시지, 순대 □**ぶらり(と)** 매달려 있는 모양, 대롱대롱 □**ぶら下がる** 축 늘어지다, 매달리다 □**超える** 넘다, 초과하다 □**沙弥** 출가한 지 얼마 안 되어 아직 수행이 미숙한 승려 □**内道場供奉** 内道場(궁중에서 불법을 수행하고 불사를 행하던 건물)에서 시중 드는 일 □**始終** 늘, 언제나, 항상 □**苦にやむ** 몹시 걱정하다

もちろん表面(ひょうめん)では、今(いま)でもさほど気(き)にならないような顔をしてすましている。これは専念(せんねん)に当来(とうらい)の浄土(じょうど)を渇仰(かつごう)すべき僧侶(そうりょ)の身(み)で、鼻の心配(しんぱい)をするのが悪(わる)いと思(おも)ったからばかりではない。それよりむしろ、自分(じぶん)で鼻を気にしているということを、人(ひと)に知られるのが嫌(いや)だったからである。内供は日常(にちじょう)の談話(だんわ)の中(なか)に、鼻という語(ご)が出てくるのを何(なに)よりも恐(おそ)れていた。

内供が鼻を持(も)てあました理由(りゆう)は二(ふた)つある。―― 一(ひと)つは実際的(じっさいてき)に、鼻の長いのが不便(ふべん)だったからである。第一飯(だいいちめし)を食(く)う時(とき)にもひとりでは食えない。ひとりで食えば、鼻の先がかなまりの中の飯(めし)へとどいてしまう。そこで内供は弟子(でし)の一人(ひとり)を膳(ぜん)の向(む)こうへ座(すわ)らせて、飯を食う間中(あいだじゅう)、広さ一寸長さ二尺(にしゃく)ばかりの板(いた)で、鼻を持(も)ち上(あ)げていてもらうことにした。しかしこうして飯を食うということは、持ち上げている弟子にとっても、

□ さほど (부정어를 동반하여) 그다지, 별로 □ 気になる 걱정이 되다, 마음에 걸리다 □ すます 시치미 떼다, 새침해하다 □ 当来の浄土 아미타불이 있는 고통 · 걱정 · 근심이 없는 청정한 곳, 내세의 극락정토 □ 渇仰 깊이 흠모함, 몹시 그리워함 ■ ～べき (동사 기본형에 붙음. 단 する·来るは すべき·こべき도 씀) ~해야 될 〈驚くべき効果(こうか) 놀랄 만한 효과〉 □ 僧侶 승려 □ むしろ 오히려 □ 気にする 신경 쓰다 □ 談話 담화, 대화 □ 恐れる 두려워하다, 무서워하다 □ 持てあます 처치 곤란해 하다, 힘에 겨워하다 □ かなまり 금속으로 된 밥그릇 □ とどく 닿다, 이르다 □ 膳 밥상, 특히 1인용 밥상 □ ～尺 ~척, ~자 〈1尺은 약 30cm임〉 □ ～ばかり (숫자에 붙어) ~가량, ~정도 □ 板 판자 □ 持ち上げる 들어올리다 □ ～にとっても ~에게 있어서도

持ち上げられている内供(ないぐ)にとっても、決(けっ)して容易(ようい)なことではない。一度(いちど)この弟子(でし)の代(か)わりをした中童子(ちゅうどうじ)が、くさめをしたひょうしに手(て)がふるえて、鼻を粥(かゆ)の中へ落(お)とした話(はなし)は、当時(とうじ)京都(きょうと)まで喧伝(けんでん)された。——けれどもこれは内供にとって、決して鼻を苦にやんだ主(おも)な理由ではない。内供は実(じつ)にこの鼻によって傷(きず)つけられる自尊心(じそんしん)のために苦(くる)しんだのである。

池(いけ)の尾(お)の町(まち)の者(もの)は、こういう鼻をしている禅智内供(ぜんちないぐ)のために、内供の俗(ぞく)でないことを幸(しあわ)せだと言った。あの鼻では誰(だれ)も妻(つま)になる女(おんな)があるまいと思ったからである。中(なか)にはまた、あの鼻だから出家(しゅっけ)したのだろうと批評(ひひょう)する者さえあった。しかし内供は、自分が僧(そう)であるために、いくぶんでもこの鼻に煩(わずらわ)されることが少(すく)なくなったと思っていない。

□ **~代わり** (동사 보통형, 명사の에 붙어) ~대신 〈CDを買う代わりにネットからダウンロードした CD를 사는 대신 인터넷에서 다운로드를 받았다〉 □ **中童子** 절에서 급사나 잡일을 하는 12, 3세의 소년 □ **くさめをする** 재채기를 하다 〈くしゃみ의 아어(雅語)〉 □ **~ひょうしに** ~하는 바람에 □ **ふろえる** 떨리다, 흔들리다 □ **喧伝** 여러 사람의 입으로 퍼져서 왁자하게 됨, 떠들석해짐 □ **~によって** ~에 의해, ~에 따라 □ **傷つける** 상처를 입히다, 정신적인 손해나 고통을 가하다 □ **俗** 승려가 아닌 보통 사람 ■ **~まい** (1그룹 동사의 기본형, 2그룹 동사의 ます형과 기본형, する, 来る는 각각 すまい・するまい, くまい・くるまい에 붙어 부정적인 의지와 추량을 나타냄) ~지 않을 것이다 〈絶対にタバコを吸うまいと決心した 절대로 담배를 피우지 않겠다고 결심했다〉 □ **出家する** 출가하다 □ **批評する** 비평하다 □ **~さえ** ~조차, ~까지도 〈忙しくてご飯を食べる時間さえない 바빠서 밥을 먹을 시간조차 없다〉 □ **いくぶん** 어느 정도, 조금, 약간 □ **煩す** 성가시게 하다, (정신적으로) 괴롭히다

内供の自尊心は、妻帯というような結果的な事実に左右されるためには、あまりにデリケートにできていたのである。そこで内供は、積極的にも消極的にも、この自尊心の毀損を回復しようと試みた。

第一に内供の考えたのは、この長い鼻を実際以上に短く見せる方法である。これは人のいない時に、鏡へ向かって、いろいろな角度から顔をうつしながら、熱心に工夫をこらしてみた。どうかすると、顔の位置を換えるだけでは、安心ができなくなって、頬杖をついたり、顎の先へ指をあてがったりして、根気よく鏡をのぞいてみることもあった。しかし自分でも満足するほど、鼻が短く見えたことは、これまでにただの一度もない。時によると、苦心すればするほど、かえって長く見えるような気さえした。内供は、こういう時には、鏡を箱へしまいながら、今更のようにため息をついて、

□妻帯 아내를 둠, 대처 □デリケート(delicate) 민감함, 섬세함, 미묘함 □毀損 훼손 □試みる 시험 삼아 해보다, 시도하다 □向かう 향하다 □工夫をこらす 궁리하다 □どうかすると 경우에 따라서는, 자칫하면 □頬杖をつく (손으로) 턱을 괴다 □あてがう 딱 맞게 대다, 붙이다 □根気 끈기, 근성 □のぞく 들여다보다, 엿보다 ■～ほど (동사·い형용사 기본형, 명사에 붙어 정도를 나타냄) ~할 정도, ~할 만큼 〈声も聞きたくないほどきらいだ 목소리도 듣고 싶지 않을 정도로 싫다〉 □ただ 오직, 오로지 □苦心する 고심하다 애를 쓰다 □かえって 오히려, 도리어 □しまう 치우다, 정리하다, 넣다 □今更のように 새삼스럽게 □ため息をつく 한숨을 쉬다

ふしょうぶしょうにまたもとの経机(きょうづくえ)へ、観音経(かんのんぎょう)をよみに帰(かえ)るのである。

それからまた内供は、絶(た)えず人の鼻を気にしていた。池(いけ)の尾(お)の寺(てら)は、僧供講説(そうぐこうせつ)などのしばしば行(おこな)われる寺である。寺の内(うち)には、僧坊(そうぼう)が隙(すき)なく建(た)て続(つづ)いて、湯屋(ゆや)では寺の僧(そう)が日ごとに湯(ゆ)を沸(わ)かしている。従(したが)ってここへ出入(しゅつにゅう)する僧俗(そうぞく)の類(たぐい)もはなはだ多(おお)い。内供はこういう人々(ひとびと)の顔を根気(こんき)よく物色(ぶっしょく)した。一人でも自分のような鼻のある人間(にんげん)を見(み)つけて、安心(あんしん)がしたかったからである。だから内供の目には、紺(こん)の水干(すいかん)も白(しろ)のかたびらもはいらない。ましてこうじ色の帽子(ぼうし)や、しいにびの法衣(ころも)なぞは、見慣(みな)れているだけに、あれども無(な)きがごとくである。内供は人を見ずに、ただ、鼻を見た。——しかしかぎ鼻(ばな)はあっても、内供のような鼻は一つも見当(みあ)たらない。

□ **ふしょうぶしょう(に)** 할 수 없이, 마지못해 □ **経机** 경상: 불경을 올려놓는 책상 □ **観音経** 관세음보살보문품의 별칭 □ **絶えず** 끊임없이, 계속하여 □ **僧供講説** 부처님의 공양을 위해 승려가 설교를 펴는 것 □ **しばしば** 자주, 종종 □ **僧坊** 승려의 숙소 □ **隙** 틈, 틈새 ■ **～ごとに** (동사 기본형 · 명사에 붙어) ~마다 〈風が吹くごとに花びらが散り落ちる 바람이 불 때마다 꽃잎이 진다〉 □ **沸かす** 끓이다 □ **従って** 따라서 □ **僧俗** 승려와 보통 사람 □ **類** 같은 부류, 비슷한 것 □ **はなはだ** 심히, 매우 □ **物色** 물색 □ **紺** 감색 □ **水干** 平安(へいあん) 시대 일반인들이 입던 평상복 □ **かたびら** 명주나 삼베로 만드는 안을 대지 않는 옷 □ **まして** 하물며, 더구나 □ **こうじ色** 주황색 □ **しいにび** 옅은 검정 □ **～なぞ** ~따위, ~등 =など □ **見慣れる** (늘) 보아서 익숙하다, 눈에 익다, 낯익다 ■ **～だけに** (동사 · い형용사 · 명사 보통형, な형용사な에 붙어) ~인 만큼, ~한 만큼 〈値段が高いだけにもっと調べてから買いましょう 가격이 비싼 만큼 좀 더 조사하고 나서 삽시다〉 □ **あれども無きがごとく** 없는 것과 마찬가로 □ **～ずに** (동사 ない형에 붙어, 단 する・来る는 각각 せず, こず에 붙어) ~지 않고 □ **かぎ鼻** 매부리코 □ **見当たる** (찾던 것이) 발견되다, 눈에 띄다, 보이다

その見当たらないことが度重(たびかさ)なるに従って、内供の心は次第(しだい)にまた不快(ふかい)になった。内供が人と話しながら、思(おも)わずぶらりと下(さ)がっている鼻の先をつまんでみて、年(とし)がいもなく顔を赤(あか)めたのは、全(まった)くこの不快に動(うご)かされての所為(しょい)である。

最後(さいご)に、内供は、内典外典(ないてんげてん)の中(なか)に、自分と同(おな)じような鼻のある人物(じんぶつ)を見(み)いだして、せめても幾分(いくぶん)の心(こころ)やりにしようとさえ思ったことがある。けれども、目連(もくれん)や、舎利弗(しゃりほつ)の鼻が長かったとは、どの経文(きょうもん)にも書いてない。もちろん竜樹(りゅうじゅ)や馬鳴(めみょう)も、人並(ひとなみ)の鼻を備(そな)えた菩薩(ぼさつ)である。内供は、震旦(しんたん)の話(はなし)のついでに蜀漢(しょくかん)の劉玄徳(りゅうげんとく)の耳が長かったということを聞いた時に、それが鼻だったら、どのくらい自分は心細(こころぼそ)くなくなるだろうと思った。

□度重なる 똑같은 일이 되풀이 하여 일어나다, 거듭되다 □次第に 점차로, 차차 □つまむ 잡다, 집다 □年がい 연령에 어울리는 생각이나 행동, 나이값 □所為 탓, 때문 □内典外典 불교에 관해 쓰여진 서적을 内典, 그 외의 서적을 外典이라 함 □見いだす 찾아내다, 발견하다 □せめても 적어도, 하다못해 〈せめて의 힘줌말〉 □幾分 약간, 일부분 □心やり 위안, 기분 전환 □目蓮 석가 10대 제자의 한 사람으로 신통력이 뛰어났다고 함 □舎利弗 석가 10대 제자의 한 사람으로 지혜가 뛰어났다고 함 □竜樹 150년~250년경의 인도 승려로 인도불교의 창시자임 □馬鳴 고대 인도의 불교시인으로, 산스크리트어의 아름다움을 알린 시인 □人並 보통 사람과 같은 정도임 □備える 지니다, 갖추다 □菩薩 보살 □震旦 중국의 별칭 ■ ～ついでに (동사 보통형 · 명사の에 붙어) ~하는 김에 〈スーパーに行くついでに郵便局に寄(よ)った 슈퍼에 가는 김에 우체국에 들렀다〉 □蜀漢 촉한 : 蜀 지방을 중심으로 유현덕이 세운 나라 □心細い 어쩐지 마음이 안 놓이다, 불안하다

内供がこういう消極的な苦心(くしん)をしながらも、一方(いっぽう)ではまた、積極的に鼻の短くなる方法(ほうほう)を試(こころ)みたことは、わざわざここに言うまでもない。内供はこの方面(ほうめん)でもほとんどできるだけのことをした。からすうりを煎(せん)じて飲んでみたこともある。鼠(ねずみ)のいばりを鼻へなすってみたこともある。しかし何(なに)をどうしても、鼻はいぜんとして、五、六寸の長さをぶらりと唇(くちびる)の上にぶら下(さ)げっているではないか。

■ ~ながらも (동사 ます형에 붙어) ~하면서도, ~지만 〈娘は文句(もんく)を言いながらも、家事(かじ)を手伝ってくれた 딸아이는 불평하면서도 집안일을 도와주었다〉 □ わざわざ 일부러, 고의로 ■ ~までもない ~할 것까지도 없다 〈そのくらいの熱なら、病院に行くまでもない 그 정도 열이라면 병원에 갈 것까지도 없다〉 □ からすうり 쥐참외 □ 煎じる (약, 차 따위를) 달이다, 끓이다 □ いばり 소변 □ なする 문지르다, 바르다, 칠하다 □ いぜんとして 여전히

ところがある年の秋、内供の用をかねて、京へ上った弟子の僧が、しるべの医者から長い鼻を短くする法を教わってきた。その医者というのは、もと震旦から渡ってきた男で、当時は長楽寺の供僧になっていたのである。

内供は、いつものように、鼻などは気にかけないというふうをして、わざとその法もすぐにやってみようとは言わずにいた。そうして一方では、気軽な口調で、食事の度ごとに、弟子の手数をかけるのが、心苦しいというようなことを言った。内心ではもちろん弟子の僧が、自分を説き伏せて、この法を試みさせるのを待っていたのである。弟子の僧にも、内供のこの策略がわからないはずはない。しかしそれに対する反感よりは、内供のそういう策略をとる心持ちの方が、より強くこの弟子の僧の同情を動かしたのであろう。

■ **～をかねて** ~을 겸해서 〈今日は犬の散歩をかねてちょっと遠い公園まで出かけた 오늘은 개의 산책을 겸해 조금 먼 공원까지 나갔다〉 □ **京** 수도 〈여기서는 京都를 말함〉 □ **しるべ** 아는 사이, 친지 □ **長楽寺** 현재 京都市의 円山(まるやま) 공원에 있는 절 □ **供僧** ま供奉僧(ぐぶそう)의 줄임말로, 절에서 본존을 모시는 일을 담당하는 승려 □ **気にかける** 염려하다, 걱정하다 □ **～ふりをする** ~척하다 □ **わざと** 일부러 〈わざと知らん顔をする 일부러 모른 체를 하다〉 □ **気軽** 깊이 생각하지 않음, 가볍게 행동함 □ **口調** 어조, 말투 □ **度** 적, 그때 □ **手数** 일을 하는데 필요한 노력이나 시간, 수고 〈手数をかける 폐를 끼치다〉 □ **心苦しい** 마음이 괴롭다, 미안하다 □ **説き伏せる** 상대방을 설명하여 이해시키다, 설득하다 □ **策略** 책략 ■ **～はずはない** (동사 · い형용사 보통형, な형용사な, 명사の에 붙어) ~리가 없다 〈彼がそんな嘘をついたはずがない 그가 그런 거짓말을 했을 리가 없다〉 □ **心持ち** 기분, 심정

弟子の僧は、内供の予期(よき)どおり、口を極(きわ)めて、この法を試みることを勧(すす)めだした。そうして、内供自身もまた、その予期どおり、結局(けっきょく)この熱心(ねっしん)な勧告(かんこく)に聴従(ちょうじゅう)することになった。

その法というのは、ただ、湯(ゆ)で鼻をゆでて、その鼻を人に踏(ふ)ませるという、極(きわ)めて簡単(かんたん)なものであった。

湯は寺の湯屋(ゆや)で、毎日沸(わ)かしている。そこで弟子の僧は、指(ゆび)も入(い)れられないような熱(あつ)い湯を、すぐにひさげに入れて、湯屋から汲(く)んできた。しかしじかにこのひさげへ鼻を入れるとなると、湯気にふかれて顔を火傷(やけど)する恐(おそ)れがある。そこでおしきへ穴(あな)をあけて、それをひさげのふたにして、その穴から鼻を湯の中へ入れることにした。鼻だけはこの熱い湯の中へ浸(ひた)しても、すこしも熱くないのである。しばらくすると弟子の僧が言った。

□ **～どおり** (명사에 붙어) ~대로 □ **口を極めて** 입이 침이 마르도록, 온갖 말로, 갖은 말로 □ **勧める** 권하다, 권유하다 □ **勧告** 권고 □ **聴従** 남이 이르는 대로 잘 듣고 따름 □ **ゆでる** 삶다, 데치다 □ **極めて** 극히, 지극히 □ **ひさげ** 손잡이가 달린 조그마한 냄비 모양의 주전자 □ **汲む** 물을 긷다, 퍼 담다 □ **じかに** 바로, 직접 □ **湯気** 수증기, 뜨거운 김 □ **火傷** 화상 □ **～恐れがある** ~위험이 있다 □ **おしき** 테두리를 얇게 두른 네모난 쟁반 □ **穴をあける** 구멍을 내다 □ **ふた** 뚜껑 □ **浸す** 물 따위의 액체 속에 넣어 두다, 담그다

――もう、ゆだった時分（じぶん）でござろう。

内供は苦笑（くしょう）した。これだけ聞いたのでは、誰も鼻の話とは気がつかないだろうと思ったからである。鼻は熱湯（ねっとう）に蒸（む）されて、のみの食ったようにむずがゆい。

弟子の僧は、内供がおしきの穴から鼻を抜（ぬ）くと、そのまだ湯気（ゆげ）の立っている鼻を、両足（りょうあし）に力（ちから）を入れながら、踏（ふ）み始（はじ）めた。内供は横（よこ）になって、鼻を床板（ゆかいた）の上へのばしながら、弟子の僧の足が上下（うえした）に動くのを目の前に見ているのである。弟子の僧は、時々気（き）の毒（どく）そうな顔をして、内供のはげ頭（あたま）を見下（みお）ろしながら、こんなことを言った。

――痛（いと）うはござらぬかな。医師（いし）は責（せ）めて踏めと申（もう）したで。じゃが、痛うはござらぬかな。

□ゆだる 데쳐지다, 삶아지다 □時分 시기, 시각, 때, 무렵 □～でござる ~입니다 □苦笑する 쓴웃음을 짓다 □気がつく 눈치채다, 정신 차리다 □蒸す 찌다 □のみ 벼룩 □むずがゆい 근질거리다, 근질근질 가렵다 □抜く 빼내다, 뽑다, 제거하다 □床板 마루청 □のばす 늘이다, 곧게 하다, 펴다 □気の毒だ 안됐다, 불쌍하다 □はげ頭 대머리 □見下ろす 내려다보다, 깔보다 □痛うござらぬかな 아프지 않습니까? 〈痛い+ござる+ぬ(부정어미)+かな〉 □責めて 매우, 심히 □申す 말씀하시다, 말씀드리다 □～で ~때문에

内供は首を振って、痛くないという意味を示そうとした。ところが鼻を踏まれているので思うように首が動かない。そこで、上目を使って、弟子の僧の足にあかぎれのきれているのを眺めながら、腹を立てたような声で、

——痛うはないて。

と答えた。実際鼻はむずがゆい所を踏まれるので、痛いよりもかえって気持ちのいいくらいだったのである。

しばらく踏んでいると、やがて、あわつぶのようなものが、鼻へでき始めた。いわば毛をむしった小鳥をそっくり丸焼きにしたような形である。弟子の僧はこれを見ると、足を止めて独り言のようにこう言った。

□首を振る 머리를 흔들다 □示す 나타내 보이다 □上目を使う 눈을 치켜뜨다 □あかぎれ (추위로) 손발의 살갗이 틈 〈あかぎれがきれる 살갗이 트다〉 □眺める 지그시 응시하다, 바라보다 □あわつぶ 좁쌀 알 □むしる 잡아 뽑다, 쥐어뜯다 □そっくり 전부, 몽땅 □丸焼き 통구이 □独り言 혼잣말

――これを毛(け)ぬきでぬけと申すことでござった。

内供は、不足(ふそく)らしく頬(ほお)をふくらせて、黙(だま)って弟子の僧のするなりに任(まか)せておいた。もちろん弟子の僧の親切(しんせつ)がわからないわけではない。それはわかっても、自分の鼻をまるで物品(ぶっぴん)のように取(と)り扱(あつか)うのが、不愉快(ふゆかい)に思われたからである。内供は信用(しんよう)しない医者の手術(しゅじゅつ)をうける患者(かんじゃ)のような顔をして、ふしょうぶしょうに弟子の僧が、鼻の毛穴(けあな)から毛ぬきで脂(あぶら)をとるのを眺めていた。脂は、鳥(とり)の羽(はね)のくきのような形をして、四分(よぶ)ばかりの長さにぬけるのである。

やがてこれが一通(ひととお)りすむと、弟子の僧は、ほっとひと息(いき)ついたような顔をして、

――もう一度、これをゆでればようござる。

と言った。

□**毛ぬき** 쪽집게 □**不足** 부족, 불만 □**頬をふくらせる** 볼을 볼록하게 하다, 뿌루퉁하다 □**黙る** 잠자코 있다, 침묵하다 ■**～なり** (동사 기본형과 명사에 붙어) ~대로, ~나름 〈母の言うなりになる 엄마가 말하는 대로 따르다〉 □**任せる** 맡기다 ■**～ないわけではない** ~지 않는 것은 아니다 〈漫画は好きではないけど、まったく読まないわけではない 만화는 좋아하지는 않지만 전혀 안 보는 것은 아니다〉 □**取り扱う** 취급하다, 다루다 □**脂** 기름 □**羽** 날개 □**くき** 줄기, 대 □**～分** ~푼 〈寸의 10분의 1, 1분은 약 3mm임〉 □**一通り** 대충, 대강 □**すむ** 끝나다, 완료되다 □**ほっと** 긴장이 풀려 마음을 놓음 □**ひと息つく** 약간 쉬다, 한숨 돌리다

内供はやはり、八(はち)の字(じ)をよせたまま不服(ふふく)らしい顔をして、弟子の僧の言うなりになっていた。

さて二度目にゆでた鼻を出してみると、なるほど、いつになく短くなっている。これではあたりまえのかぎ鼻(ばな)と大(たい)した変(か)わりはない。内供はその短くなった鼻を撫(な)でながら、弟子の僧の出してくれる鏡(かがみ)を、きまりが悪るそうにおずおずのぞいてみた。

鼻は——あの顎の下まで下がっていた鼻は、ほとんどうそのように萎縮(いしゅく)して、今はわずかに上唇(うわくちびる)の上で意気地(いくじ)なく残喘(ざんぜん)を保(たも)っている。所々(ところどころ)まだらに赤くなっているのは、おそらく踏まれた時の痕(あと)であろう。こうなれば、もう誰もわらうものはないのにちがいない。——鏡の中にある内供の顔は、鏡の外にある内供の顔を見て、満足(まんぞく)そうに目をしばたたいた。

□八の字をよせる 미간을 팔자 모양으로 찡그리다 □不服 불복, 납득이 가지 않음 □いつにない 평소와 다르다, 이례적이다 □大した (뒤에 부정어를 동반하여) 별, 이렇다 할 □撫でる 쓰다듬다 □きまりが悪い 부끄럽다, 쑥스럽다 □おずおず 주뼛주뼛, 머뭇머뭇 □萎縮 위축 □わずかに 겨우, 간신히 □意気地 패기, 기개, 기력 □残喘 여명 □保つ 보존하다, 유지하다 □まだら 얼룩, 반점 □痕 흔적 특히 상처 자국 □おそらく 아마, 필시, 어쩌면 □しばたたく 눈을 깜박이다

しかし、その日はまだ一日、鼻がまた長くなりはしないかという不安(ふあん)があった。そこで内供は誦経(ずきょう)する時にも、食事をする時にも、暇(ひま)さえあれば手を出(だ)して、そっと鼻の先に触(さわ)ってみた。が、鼻は行儀(ぎょうぎ)よく唇の上に納(おさ)まっているだけで、格別(かくべつ)それより下(した)へぶら下(さ)がってくる気色(けしき)もない。それから一晩(ひとばん)寝(ね)てあくる日早(はや)く目がさめると、内供はまず、第一に、自分の鼻を撫(な)でてみた。鼻はいぜんとして短い。内供はそこで、幾年(いくねん)にもなく、法華経書写(ほけきょうしょしゃ)の功(こう)を積(つ)んだ時のような、のびのびした気分(きぶん)になった。

ところが二(に)、三日(さんにち)たつうちに、内供は意外(いがい)な事実(じじつ)を発見(はっけん)した。それは折(おり)から、用事(ようじ)があって、池(いけ)の尾(お)の寺(てら)を訪(おとず)れた侍(さむらい)が、前(まえ)よりも一層(いっそう)おかしそうな顔をして、話もろくろくせずに、じろじろ内供の鼻ばかり眺めていたことである。

□誦経 독경을 외움　□そっと 살짝, 가만히, 몰래　□触る 손을 대다, 건드리다, 만지다　□行儀(が)よい 예의가 바르다, 얌전하다　□納まる 알맞게 들어앉다, 정착하다　□気色 얼굴이나 태도에 나타나는 감정, 기색, 기미, 태도　□あくる 다음의　□目がさめる 잠이 깨다, 눈이 뜨이다　□法華經 법화경　□書写 글씨를 베낌　□功を積む 공적을 쌓다　□のびのび 마음이 편하고 구애됨이 없는 모양, 느긋한 모양　□たつ(経つ) 시간이 경과하다, 지나다　□～うちに (동사 기본형・ている형, い형용사 기본형, な형용사な, 명사の에 붙어) ~중에 〈鉄は熱いうちに打って 쇠는 뜨거울 때 쳐라〉　□折から 때마침 〈折から雨が降り出した 때마침 비가 내리기 시작했다〉　□訪れる 방문하다　□侍 무사　□一層 한층, 더욱더 〈一層努力する 더욱더 노력하다〉　□おかしい 이상하다, 우습다　□ろくろく (부정어를 수반하여) 변변히, 제대로 〈=ろくに, ろくろく本も読めない 제대로 책도 읽을 수 없다〉　□じろじろ 빤히, 유심히, 뚫어지게

それのみならず、かつて、内供の鼻を粥(かゆ)の中へ落としたことのある中童子(ちゅうどうじ)なぞは、講堂(こうどう)の外(そと)で内供と行(ゆ)き違(ちが)った時に、始(はじ)めは、下を向(む)いておかしさをこらえていたが、とうとうこらえかねたとみえて、一度にふっと吹(ふ)き出(だ)してしまった。用(よう)を言いつかった下法師(しもぼうし)たちが、面(めん)と向(む)かっている間(あいだ)だけは、つつしんで聞いていても、内供が後ろさえ向けば、すぐにくすくす笑(わら)い出(だ)したのは、一度や二度のことではない。

内供は始め、これを自分の顔がわりがしたせいだと解釈(かいしゃく)した。しかしどうもこの解釈だけでは十分(じゅうぶん)に説明(せつめい)がつかないようである。――もちろん、中童子や下法師がわらう原因(げんいん)は、そこにあるのにちがいない。けれども同じわらうにしても、鼻の長かった昔とは、わらうのにどことなく様子(ようす)がちがう。見慣(みな)れた長い鼻より、見慣れない短い鼻の方が滑稽(こっけい)に見えるといえば、それまでである。が、そこにはまだ何かあるらしい。

□ **のみならず** ~뿐만 아니라, ~만이 아니라 〈雨がひどくなった、のみならず、雪さえ降ってきた 비가 심하게 내렸다, 그뿐만 아니라 눈까지 내렸다〉 □ **かつて** 일찍이, 예전에 □ **講堂** 강당: 절에서 경전 강의나 설교를 하기 위한 건물 □ **行き違う** 길이 어긋나다, 엇갈리다 □ **向く** 향하다 □ **こらえる** 참다, 견디다, (감정 등을) 억누르다 〈涙をこらえる 눈물을 참다〉 ■ **~かねる** (동사 ます형에 붙어) ~하기 어렵다 〈その考えには賛成(さんせい)しかねます 그 생각에는 찬성하기 어렵습니다〉 □ **~とみえる** ~같이 해석(생각)된다, ~인 것 같다 〈いやとみえる 싫은 것 같다〉 □ **吹き出す** 내뿜다, 웃음을 터뜨리다 〈笑いがどっと吹き出した 웃음이 한꺼번에 터져 나왔다〉 □ **言いつかる** 분부(명령)를 받다 □ **下法師** 큰스님들의 잡역을 하는 신분이 낮은 승려 □ **つつしむ** 삼가다, 조심하다 〈言葉をつつしむ 말을 조심하다〉 □ **くすくす** 소리 죽여 웃는 모양, 낄낄, 킥킥 □ **~にしても** ~도 역시, ~에게도, ~라 해도 □ **滑稽** 우스움, 골계, 해학

——前にはあのように、つけつけとはわらわなんだて。

内供は、誦しかけた経文をやめて、はげ頭を傾けながら、時々こう呟くことがあった。愛すべき内供は、そういう時になると、必ずぼんやり、傍にかけた普賢の画像を眺めながら、鼻の長かった四、五日前のことを思い出して、「今はむげにいやしくなりさがれる人の、さかえたる昔をしのぶがごとく」ふさぎ込んでしまうのである。——内供には、遺憾ながらこの問いに答えを与える明が欠けていた。

——人間の心には互いに矛盾した二つの感情がある。もちろん、誰でも他人の不幸に同情しない者はない。ところがその人がその不幸を、どうにかして切りぬけることができると、今度はこっちでなんとなく物足りないような心持ちがする。

□つけつけ 서슴없이 밉살스럽게 말하는 모양, 거침없이 □誦する 읊다, 읊조리다, 외다 □傾ける 기울이다, 갸우뚱거리다 □呟く 중얼거리다 □傍 옆, 곁 □普賢 普賢菩薩(보현보살)의 약칭. 흰코끼리를 타고 석가의 우측에 있는 보살로 지혜와 깨우침을 관장함 □むげ 함부로, 아주, 몹시 □いやしい 천하다, 초라하다, 비열하다 □なりさがる 영락하다 □さかえたる 번영하다, 번창하다 〈さかえる의 옛말〉 □しのぶ 그리워하다 □ふさぎ込む 몹시 우울해지다, 울적해지다 □遺憾 유감 □明 지혜, 통찰력 □欠ける (있어야 할 것이) 빠지다, 부족하다, 모자라다 □矛盾 모순 □切りぬける 곤경에서 벗어나다, 헤어나다, 타개하다 □なんとなく 어쩐지, 왠지 □物足りない 무언가 부족하다, 어쩐지 아쉽다, 어쩐지 허전하다

すこし誇張(こちょう)していえば、もう一度その人を、同じ不幸に陥(おとしい)れてみたいような気にさえなる。そうしていつの間(ま)にか、消極的(しょうきょくてき)ではあるが、ある敵意(てきい)をその人に対(たい)して抱(いだ)くようなことになる。——内供が、理由を知らないながらも、なんとなく不快(ふかい)に思ったのは、池(いけ)の尾(お)の僧俗(そうぞく)の態度(たいど)に、この傍観者(ぼうかんしゃ)の利己主義(りこしゅぎ)をそれとなく感(かん)づいたからにほかならない。

そこで内供は日ごとに機嫌(きげん)が悪くなった。二言目(ふたことめ)には、誰でも意地悪(いじわる)く叱(しか)りつける。しまいには鼻の療治(りょうじ)をしたあの弟子(でし)の僧でさえ、「内供は法慳貪(ほうけんどん)の罪(つみ)を受(う)けられるぞ」と陰口(かげぐち)をきくほどになった。ことに内供を怒(おこ)らせたのは、例(れい)のいたずらな中童子である。ある日、けたたましく犬の吠(ほ)える声がするので、内供がなにげなく外へ出てみると、中童子は、二(に)尺(しゃく)ばかりの木(き)の切(き)れを振(ふ)り回(まわ)して、毛の長い、やせたむく犬を追(お)い回(まわ)している。それもただ追い回しているのではない。

□誇張する 과장하다 □陥れる 빠뜨리다, (곤경이나 구멍에) 빠지게 하다 □～に対して ~에 대해, ~에게 □抱く 품다, 생각하다 □傍観者 방관자 □それとなく 슬며시, 넌지시, 에둘러 □感づく (직감적으로) 알아차리다, 낌새 채다 =気づく ■～にほかならない 바로 ~이다, ~임에 틀림없다 〈これは二人の努力の結果にほかならない 이것은 두 사람의 노력의 결과임에 틀림없다〉 □意地悪い 심술궂다, 짓궂다 □叱りつける 몹시 야단치다, 호통치다, 몹시(엄하게) 꾸짖다 □法慳貪の罪 인정미 없는 짓을 해서 죽은 후에 받는 죄 □陰口をきく 뒤에서 몰래 험담을 하다 □いたずら 장난(질) 〈いたずら電話 장난 전화〉 □けたたましい 갑자기 크고 날카로운 소리가 나다, 매우 소란스럽다 〈けたたましいベルの音が鳴る 매우 요란한 초인종 소리가 울리다〉 □吠える 짖다 □なにげない 별 생각도 없다, 무심하다, 아무렇지도 않다 □振り回す 휘두르다 □むく犬 삽살개 □追い回す 뒤쫓다

「鼻を打(う)たれまい。それ、鼻を打たれまい。」とはやしながら、追い回しているのである。内供は、中童子の手からその木の切れをひったくって、したたかその顔を打った。木の切れは以前(いぜん)の鼻もたげの木だったのである。

内供はなまじいに、鼻の短くなったのが、かえって恨(うら)めしくなった。

するとある夜のことである。日が暮(く)れてから急(きゅう)に風がでたとみえて、塔(とう)の風鐸(ふうたく)の鳴(な)る音が、うるさいほど枕(まくら)に通(かよ)ってきた。その上(うえ)、寒さもめっきり加(くわ)わったので、老年(ろうねん)の内供は寝つこうとしても寝つかれない。そこで床(とこ)のなかでまじまじしていると、ふと鼻がいつになく、むずがゆいのに気がついた。手をあててみると少(すこ)し水気(すいき)がきたようにむくんでいる。どうやらそこだけ、熱さえもあるらしい。

□**はやす** 놀려대다 □**ひったくる** 잡아채다, 낚아채다 □**したたか** 몹시 센 모양, 세게 □**なまじい** 할 수도 없으면서 억지로, 공연히, 섣불리, 어설피 =なまじ □**恨めしい** 원망스럽다, 유감스럽다, 한스럽다 □**暮れる** 해가 지다, (계절 · 한 해가) 저물다 □**塔** 탑 □**風鐸** 탑 등의 추녀 네 귀퉁이에 드리워져 있는 작은 종 모양의 풍경 □**枕** 베개 □**めっきり** 두드러지게 변화하는 모양, 뚜렷이, 현저히 □**加わる** 더하다, 가해지다 □**寝つく** 잠들다 =寝入る □**床** 잠자리 □**まじまじ** 눈을 깜빡거리는 모양, 말똥말똥, 말끄러미 〈人の顔をまじまじと見る 남의 얼굴을 뚫어지게 쳐다보다〉 □**むくむ** 붓다, 부어오르다

——無理(むり)に短(みじこ)うしたで、病(やまい)が起(おこ)ったのかもしれぬ。

内供は、仏前(ぶつぜん)に香花(こうげ)を供(そな)えるようなうやうやしい手つきで、鼻を抑(おさ)えながら、こう呟(つぶや)いた。

翌朝(よくちょう)、内供がいつものように早く目を覚(さ)ましてみると、寺内(じない)の銀杏(いちょう)やとちが一晩のうちに葉(は)を落としたので、庭(にわ)は金(きん)を敷(し)いたように明(あか)るい。塔(とう)の屋根(やね)には霜(しも)が下(お)りているせいであろう。まだうすい朝日(あさひ)に、九輪(くりん)がまばゆく光(ひか)っている。禅智内供(ぜんちないぐ)は、しとみを上(あ)げた縁(えん)に立って、深く息を吸(す)い込(こ)んだ。

ほとんど、忘(わす)れようとしていたある感覚(かんかく)が、再(ふたた)び内供に帰ってきたのはこの時である。

□病 병 □香花 향화:불전에 올리는 향과 꽃 □供える 바치다, 공양하다 □うやうやしい 공손하다, 정중하다 〈うやうやしく礼をする 공손히 절하다〉 □目を覚ます 눈을 뜨다, 잠에서 깨다 □銀杏 은행(나무) □とち 칠엽수 □敷く 깔다, 펴다 □霜が下りる 서리가 내리다 □九輪 탑 꼭대기 층에 9개의 쇠나 구리로 된 원형 장식 기둥 □まばゆい 눈부시다 □しとみ (창살문 뒤에 널빤지를 댄) 덧문, 빈지 □縁 툇마루 = 縁側(えんがわ) □息を吸い込む 숨을 들이마시다 □再び 재차, 다시

内供は慌(あわ)てて鼻へ手をやった。手にさわるものは、夕(ゆう)べの短い鼻ではない。上唇の上から顎の下まで、五、六寸あまりもぶら下(さ)がっている、昔の長い鼻である。内供は鼻が一夜(いちや)のうちに、またもとのとおり長くなったのを知った。そうしてそれと同時(どうじ)に、鼻が短くなった時と同じような、はればれした心持ちが、どこからともなく帰ってくるのを感じた。

——こうなれば、もう誰もわらう者はないにちがいない。

内供は心の中(なか)でこう自分にささやいた。長い鼻をあけ方(がた)の秋風(あきかぜ)にぶらつかせながら。

□慌てる 당황하다, 허둥거리다, 몹시 서두르다 □さわる 대다, 건드리다 □一夜 하룻밤 □はればれ 상쾌함, 시원함, 후련함 〈心がはればれする 속이 개운하다〉 □ささやく 속삭이다, 소근거리다 □あけ方 새벽 □ぶらつく 매달리어 흔들거리다

トロッコ

小田原(おだわら)熱海(あたみ)間(かん)に、軽便鉄道(けいべんてつどう)敷設(ふせつ)の工事(こうじ)が始(はじ)まったのは、良平(りょうへい)の八(やっ)つの年(とし)だった。良平は毎日村外(むらはず)れへ、その工事を見物(けんぶつ)に行った。工事を——と言ったところが、ただトロッコで土(つち)を運搬(うんぱん)する——それが面白(おもしろ)さに見に行ったのである。

トロッコの上には土工(どこう)が二人、土を積(つ)んだ後(うし)ろに佇(たたず)んでいる。トロッコは山を下(くだ)るのだから、人手(ひとで)を借(か)りずに走(はし)ってくる。

□**トロッコ** 선로 위에서 토사 등을 운반하는 수레, 광차 □**小田原** 神奈川(かながわ) 현 남부에 있는 도시 □**熱海** 静岡(しずおか) 현 동부에 있는 유명한 온천 · 관광지로 협궤철도는 1908년에 공사를 시작함 □**軽便鉄道** 경편철도, 차량이 작고 궤도가 좁은 철도 □**敷設** 다리 · 철도 등을 설치함, 부설 □**外れ** 변두리, 밖 □**見物** 행사나 명소 등을 보고 즐기는 것, 구경, 관람 ■**~たところが** (동사 た형에 붙어) ~지만, ~는데 〈急いで行ったところが、誰もいなかった 서둘러 갔지만 아무도 없었다〉 □**運搬する** 운반하다 □**土工** 토목 공사, 또는 거기에 종사하는 노동자 □**積む** 쌓다, 싣다 □**佇む** 잠시 멈추어 서다 □**下る** 내려가다 □**人手** 남의 도움, 일손

煽(あお)るように車台(しゃだい)が動いたり、土工のはんてんの裾(すそ)がひらついたり、細(ほそ)い線路(せんろ)がしなったり——良平はそんな景色(けしき)を眺(なが)めながら、土工になりたいと思うことがある。せめては一度(いちど)でも土工といっしょに、トロッコへ乗(の)りたいと思うこともある。トロッコは村外れの平地(へいち)へ来ると、自然(しぜん)とそこに止(と)まってしまう。と同時(どうじ)に土工たちは、身軽(みがる)にトロッコを飛(と)び降(お)りるが早(はや)いか、その線路の終点(しゅうてん)へ車(くるま)の土をぶちまける。それから今度(こんど)はトロッコを押(お)し押(お)し、もと来た山の方(ほう)へ登(のぼ)り始(はじ)める。良平はその時(とき)乗れないまでも、押すことさえできたらと思うのである。

□煽る 부채질하다, 펄럭거리게 하다, 부추기다 □車台 기차 등의 차체를 지지하는 부분 □はんてん

마고자 비슷한 윗도리, 보통 작업복으로 사용함 □裾 옷자락 □ひらつく 펄럭거리다 〈旗(はた)がひらつく 깃발이 펄럭거리다〉 □しなる 휘다, 휘어지다 □せめては 적어도, 하다못해 〈せめて의 힘줌말〉 ■~が早いか ~하자마자 〈金を受け取るが早いか彼は部屋を飛び出した 돈을 받자마자 그는 방을 뛰쳐 나갔다〉 □身軽 몸놀림이 가벼움, 경쾌함 □飛び降りる 뛰어내리다 □ぶちまける (속의 것을) 모조리 털어내다, 속마음을 털어놓다 〈おもちゃ箱をぶちまけて物をさがす 상자 속을 모조리 털어내고 물건을 찾다〉 □押す 밀다

ある夕方(ゆうがた)、——それは二月の初旬(しょじゅん)だった。良平は二つ下(した)の弟や、弟と同(おな)じ年(とし)の隣(となり)の子供と、トロッコの置いてある村外れへ行った。トロッコは泥(どろ)だらけになったまま、薄明(うすあか)るい中に並(なら)んでいる。が、その外(ほか)はどこを見ても、土工たちの姿(すがた)は見えなかった。三人の子供は恐(おそ)る恐(おそ)る、一番端(いちばんはし)にあるトロッコを押(お)した。トロッコは三人の力(ちから)が揃(そろ)うと、突然(とつぜん)ごろりと車輪(しゃりん)を回(まわ)した。良平はこの音(おと)にひやりとした。しかし二度目(にどめ)の車輪の音は、もう彼を驚(おどろ)かさなかった。ごろり、ごろり、——トロッコはそういう音とともに、三人の手に押されながら、そろそろ線路を登(のぼ)って行った。

そのうちにかれこれ十間(じゅっけん)ほど来ると、線路の勾配(こうばい)が急(きゅう)になりだした。トロッコも三人の力では、いくら押しても動かなくなった。どうかすれば車といっしょに、押(お)し戻(もど)されそうにもなることがある。良平はもういいと思ったから、年下(としした)の二人に合図(あいず)をした。

■ ～まま (동사 た형 · 명사の에 붙어) ~채 〈荷物を持ったまま歩いていった 짐을 든 채 걸어 갔다〉 □薄明るい 희미하게 밝다 □恐る恐る 무서워서 몸을 사리는 모습, 흠칫흠칫, 조심조심 □端 끝, 가장자리 □揃う 한곳에 모이다, 갖추어지다 〈みんな揃ったね、じゃ出発しよう 모두 모였지, 그럼 출발하자〉 □ごろり 크고 무거운 물건이 한번 구르는 모양, 데구르르 □車輪 수레바퀴 □ひやりとする 싸늘하다, 섬뜩하다 □驚かす 깜짝 놀라게 하다 □かれこれ 수량의 근사치를 나타냄, 그럭저럭, 대충 〈かれこれ十年前の話だ 대략 10년 전의 이야기다〉 □～間 길이를 나타내는 단위 〈1間은 약 1.8m로 1958년 이후 폐지된 단위법임〉 □勾配 기울어진 정도, 경사 〈勾配が急だ 경사가 급하다〉 □～ないまでも 그 정도까지는 못하더라도, ~까지는 못하더라도 □押し戻す 밀어 되돌리다, 되밀다 □合図 신호

「さあ、乗ろう！」

彼らは一度に手を放(はな)すと、トロッコの上へ飛(と)び乗(の)った。トロッコは最初(さいしょ)おもむろに、それからみるみる勢(いきお)いよく、一息(ひといき)に線路を下(くだ)りだした。そのとたんに突(つ)き当(あ)たりの風景(ふうけい)は、たちまち両側(りょうがわ)へ分(わ)かれるように、ずんずん目の前へ展開(てんかい)してくる。顔(かお)に当(あ)たる薄暮(はくぼ)の風、足の下に躍(おど)るトロッコの動揺(どうよう)、——良平はほとんど有頂天(うちょうてん)になった。

しかしトロッコは二、三分の後(のち)、もうもとの終点(しゅうてん)に止(と)まっていた。

「さあ、もう一度押すじゃあ。」

良平は年下の二人といっしょに、またトロッコを押(お)し上(あ)げにかかった。が、まだ車輪も動かないうちに、突然彼らの後(うし)ろには、誰かの足音(あしおと)が聞(き)こえだした。のみならずそれは聞こえだしたと思うと、急(きゅう)にこういうどなり声(ごえ)に変(か)わった。

「この野郎(やろう)！誰に断(ことわ)ってトロに触(さわ)った？」

□放す 놓다, 놓아주다 □飛び乗る 뛰어올라타다 □おもむろに 서서히, 천천히 〈おもむろに口をひらく 서서히 입을 열다〉 □みるみる 보고 있는 동안에, 순식간에, 삽시간에 □勢い 기세, 기운, 여세 □一息に 단숨에 □そのとたん(に) (바로) 그때, 그 직후에 □突き当たり 막다른 곳, 길이 막힌 곳 □たちまち 곧, 금새, 순식간에 □分かれる 나뉘다, 갈리다 □ずんずん 일이 빨리 진척되는 모양, 척척, 쑥쑥 〈仕事がずんずん進む 일이 척척 진행되다〉 □薄暮 황혼 □動揺 동요 □有頂天になる 기뻐서 어쩔 줄 모르다 □押すじゃあ 밀자 =押そうよ □押し上げ 밀어올리기 □～にかかる ~에 착수하다 ■～ないうちに ~(하)기 전에 〈雨が降らないうちに家に戻りましょう 비가 오기 전에 집으로 돌아갑시다〉 □どなり声 호통 소리 □野郎 놈, 녀석, 자식 □断る 미리 알려 양해를 얻다

そこには古い印ばんてんに、季節外れの麦わら帽をかぶった、背の高い土工が佇んでいる。——そういう姿が目に入った時、良平は年下の二人といっしょに、もう五、六間逃げだしていた。——それぎり良平は使いの帰りに、人気のない工事場のトロッコを見ても、二度と乗ってみようと思ったことはない。ただその時の土工の姿は、今でも良平の頭のどこかに、はっきりした記憶を残している。薄明かりの中にほのめいた、小さい黄色の麦わら帽、——しかしその記憶さえも、年ごとに色彩は薄れるらしい。

その後十日余り経ってから、良平はまたたった一人、昼過ぎの工事場に佇みながら、トロッコの来るのを眺めていた。すると土を積んだトロッコの外に、枕木を積んだトロッコが一両、これは本線になるはずの、太い線路を登ってきた。このトロッコを押しているのは、二人とも若い男だった。良平は彼らを見た時から、何だか親しみやすいような気がした。

□印ばんてん 등이나 깃 등에 옥호 · 성명 등을 염색한 はんてん □季節外れ 계절에 맞지 않음 □麦わら帽 밀짚모자 □～間 길이의 단위. 주로 토지 · 건축 등에 사용. 보통 1間은 6尺(약 1.818미터) □逃げだす 도망치다, 달아나다, 도망가기 시작하다 □それぎり 그뿐, 그것으로 끝남 =それきり · それっきり □使い 심부름 □人気 인기척 □ほのめく 희미하게 보이다 □色彩 색채 □薄れる 엷어지다, 희미해지다 □枕木 침목 □親しむ 친하게 지내다 □気がする 느낌이 들다

「この人たちならば叱(しか)られない。」──彼はそう思いながら、トロッコのそばへ駆(か)けて行った。

「おじさん。押してやろうか。」

その中(なか)の一人、──縞(しま)のシャツを着ている男は、うつむきにトロッコを押したまま、思ったとおり快(こころよ)い返事(へんじ)をした。

「おお、押してくよう。」

良平は二人の間(あいだ)に入(はい)ると、力(ちから)いっぱい押(お)し始(はじ)めた。

「われはなかなか力があるな。」

他(た)の一人、──耳に巻(ま)きたばこを挟(はさ)んだ男も、こう良平をほめてくれた。

そのうちに線路の勾配(こうばい)はだんだん楽(らく)になり始めた。「もう押さなくともいい。」──良平は今にも言われるかと内心(ないしん)気(き)がかりでならなかった。が、若い二人の土工は、前よりも腰(こし)を

□**駆ける** 달리다, 뛰어가다 □**縞** 줄무늬 □**うつむき** 얼굴을 아래쪽으로 향함, 밑을 봄 □**快い** 기분이 좋다, 상쾌하다, 좋은 느낌이다 〈快く承知(しょうち)する 흔쾌히 승낙하다〉 □**押してくよう** 밀어줘 =押してくれよ □**われ** 너 □**われ** 너 □**巻きたばこ** 종이로 가늘고 길게 만 담배, 궐련 □**挟む** 끼우다 □**今にも** 당장에라도, 이제라도 〈今にも雨が降り出しそうだ 당장에라도 비가 내리기 시작할 것 같다〉 □**気がかり** 걱정을 하여 마음이 안정되지 않음, 근심 =懸念(けねん) ■**〜て(で)ならない** ~하여 견딜 수 없다, ~해 참을 수 없다 〈田舎の両親のことを思うと、心配でならない 시골에 있는 부모를 생각하면 걱정이 되어 견딜 수 없다〉

起(お)こしたぎり、もくもくと車を押(お)し続(つづ)けていた。良平はとうとうこらえ切(き)れずに、おずおずこんなことを尋(たず)ねてみた。

「いつまでも押していていい?」

「いいとも。」

二人は同時に返事をした。良平は「優(やさ)しい人たちだ。」と思った。

五(ご)、六町(ろくちょう)余り押し続けたら、線路はもう一度急勾配(きゅうこうばい)になった。そこには両側(りょうがわ)のみかん畑(ばたけ)に、黄色(きいろ)い実(み)がいくつも日(ひ)を受(う)けている。

「登りの道(みち)の方(ほう)がいい、いつまでも押させてくれるから。」——良平はそんなことを考えながら、全身(ぜんしん)でトロッコを押すようにした。

みかん畑(ばたけ)の間(あいだ)を登りつめると、急に線路は下(くだ)りになった。縞(しま)のシャツを着ている男は、良平に「やい、乗れ。」と言った。

■ **～ぎり** (～たぎり의 형태로) ~한 채, ~한 그대로 =きり〈持っていたきり返さない 가져간 채 돌려주지 않는다〉 □ **もくもくと** 묵묵히 □ **～とも** ~고말고 □ **～町** ~정〈거리를 나타내는 단위로 1町은 약 109m임〉 □ **～余り** ~남짓 □ **実** 열매 □ **～つめる** 더 이상 할 수 없는 상태까지 만들다〈煮詰(につ)める 다 끓이다〉 □ **やい** 야, 이봐 =おい

良平はすぐに飛(と)び乗(の)った。トロッコは三人が乗(の)り移(うつ)ると同時に、みかん畑のにおいを煽(あお)りながら、ひた滑(すべ)りに線路を走りだした。「押すよりも乗る方(ほう)がずっといい。」——良平は羽織(はおり)に風をはらませながら、あたりまえのことを考えた。「行きに押す所(ところ)が多ければ、帰りにまた乗る所が多い。」——そうもまた考えたりした。

竹(たけ)やぶのある所へ来ると、トロッコは静(しず)かに走るのをやめた。三人はまた前のように、重(おも)いトロッコを押し始めた。竹やぶはいつか雑木林(ぞうきばやし)になった。爪先上(つまさきあ)がりの所々(ところどころ)には、赤(あか)錆(さび)の線路も見えないほど、落(お)ち葉(ば)のたまっている場所(ばしょ)もあった。その道をやっと登りきったら、今度は高い崖(がけ)の向(む)こうに、広々(ひろびろ)と薄(うす)ら寒(さむ)い海(うみ)が開(ひら)けた。と同時に良平の頭には、余(あま)り遠く来過ぎたことが、急にはっきりと感じられた。

□乗り移る 옮겨 타다 □ひた (주로 명사에 붙어) 오직, 오로지 □滑り 미끄러짐 □羽織 기모노 위에 걸쳐 입는 겉옷 □はらむ 부풀다, 품다, 안다, (아이를) 배다 □あたりまえ 조금도 이상하지 않고 자연스러움, 당연함 〈ごくあたりまえの考え方だ 극히 당연한 사고방식이다〉 □竹やぶ 대숲, 대밭 □雑木林 잡목림 □爪先上がり 완만한 비탈을 이룸, 또는 그런 길 □赤錆 붉은 녹 □落ち葉 낙엽 □たまる 모이다, 쌓이다 □崖 벼랑, 낭떠러지 □向こう 건너편, 맞은편 □薄ら寒い 으스스하다, 어쩐지 춥다

三人はまたトロッコへ乗った。車は海を右にしながら、雑木(ぞうき)の枝(えだ)の下を走って行った。しかし良平はさっきのように、面白い気持ちにはなれなかった。「もう帰ってくれればいい。」——彼はそうも念(ねん)じてみた。が、行(ゆ)く所まで行(ゆ)き着かなければ、トロッコも彼らも帰れないことは、もちろん彼にもわかりきっていた。

その次に車の止まったのは、切(き)り崩(くず)した山を背負(せお)っている、わら屋根の茶店(ちゃみせ)の前だった。二人の土工はその店へ入ると、乳飲(ちの)み子(ご)をおぶったかみさんを相手(あいて)に、ゆうゆうと茶などを飲み始めた。良平は一人いらいらしながら、トロッコの周(まわ)りを回(まわ)ってみた。トロッコには頑丈(がんじょう)な車台(しゃだい)の板(いた)に、跳(は)ね返(かえ)った泥(どろ)が乾(かわ)いていた。

□枝 (나뭇)가지 □念じる 그렇게 되기를 마음 속으로 빌다 □行き着く (목적지에) 이르다, 다다르다 □切り崩す 깎아내리다, 깎아 무너뜨리다 □背負う 짊어지다 □わら屋根 초가지붕 □茶店 길가에서 차나 과자를 파는 가게 □乳飲み子 젖먹이, 유아 □おぶう (아이를) 업다 □かみさん 상인 · 장인 등의 아내를 이르는 말 □ゆうゆう(と) 느긋하게, 여유 있게 □いらいらする 초조하다, 안절부절못하다 □周り 주변, 주위 □頑丈 단단하고 튼튼하여 잘 부러지지 않음, 단단함 □跳ね返る 튀어서 되돌아오다, 세게 튀다, 영향 등이 파급하여 돌아오다 □乾く 마르다, 건조하다

しばらくの後(のち)茶店を出て来しなに、巻きたばこを耳に挟(はさ)んだ男は、(その時はもう挟んでいなかったが)トロッコのそばにいる良平に新聞紙(しんぶんがみ)に包(つつ)んだ駄菓子(だがし)をくれた。良平は冷淡(れいたん)に「ありがとう。」と言った。が、すぐに冷淡にしては、相手にすまないと思(おも)い直(なお)した。彼はその冷淡さを取(と)り繕(つくろ)うように、包(つつ)み菓子(がし)の一つを口へ入れた。菓子には新聞紙にあったらしい、石油(せきゆ)のにおいがしみついていた。

三人はトロッコを押しながらゆるい傾斜(けいしゃ)を登(のぼ)って行った。良平は車に手をかけていても、心は外のことを考えていた。

その坂(さか)を向こうへ下(お)りきると、また同じような茶店があった。土工たちがその中へ入った後(あと)、良平はトロッコに腰(こし)をかけながら、帰ることばかり気にしていた。茶店の前には花の咲(さ)いた梅(うめ)に、西日(にしび)の光(ひかり)が消(き)えかかっている。「もう日が暮(く)れる。」

□～しな (동사 ます형에 붙어) ~할 때, ~하는 길에 〈帰りしな本屋に寄(よ)った 돌아오는 길에 서점에 들렀다〉 □**新聞紙** (물건을 싸는 등 다른 용도로 사용할 때의) 신문지 □**駄菓子** 싼 재료로 만든 대중적인 과자, 막과자 □**冷淡** 냉담 □**取り繕う** 수선하다, 잘못 등을 숨겨 넘기다, 얼버무리다 □**～直す** (동사 ます형에 붙어) 다시 ~하다, 고쳐 ~하다 〈読み直す 다시 읽다〉 □**しみつく** 냄새가 배다, 얼룩지다 □**ゆるい** 완만하다, 느슨하다, 헐렁하다 □**傾斜** 경사 □**坂** 언덕 □**腰をかける** 걸터앉다 □**梅** 매화 □**消えかかる** 막 사라지려고 하다, 막 꺼지려고 하다 〈～かかる (동사 ます형에 붙어) 막 ~하려고 하다〉

——彼はそう考えると、ぼんやり腰かけてもいられなかった。トロッコの車輪(しゃりん)を蹴(け)ってみたり、一人では動かないのを承知(しょうち)しながら、うんうんそれを押してみたり、——そんなことに気持ちを紛(まぎ)らせていた。

ところが土工たちは出てくると、車の上の枕木(まくらぎ)に手をかけながら、無造作(むぞうさ)に彼にこう言った。

「われはもう帰んな。おれたちは今日は向こう泊(と)まりだから。」

「あんまり帰りが遅(おそ)くなると、われの家(うち)でも心配(しんぱい)するずら。」

良平は一瞬間(いっしゅんかん)あっけにとられた。もうかれこれ暗(くら)くなること、去年(きょねん)の暮(く)れ母と岩村(いわむら)まで来たが、今日の道(みち)はその三、四倍(ばい)あること、それを今からたった一人、歩(ある)いて帰らなければならないこと、——そういうことが一時(いちじ)にわかったのである。

□ぼんやり 멍하니, 우두커니 〈ぼんやり川の流れを眺める 멍하니 강 물결을 바라보다〉 ■ ～ては(も)いられない ~하고 있을 수는(도) 없다 〈もうすぐ開店だからのんびりしてはいられない 이제 곧 가게 문을 열 시간이니까 한가롭게 있을 수는 없다〉 □蹴る 차다 □承知 (사정 등을) 알고 있음, 승낙 □～ながら ~면서도, ~지만, ~데도 ＝～ながらも □うんうん 끙끙, 낑낑 □紛らす 다른 것으로 마음을 달래다 〈たいくつを紛らす 지루함을 달래다〉 □無造作 꼼꼼하게 생각하지 않고 가볍게 여김, 어렵잖음, 대수롭지 않음 □泊まる 묵다, 머물다 □～ずら 〈방언〉 ~하겠지, ~까 ＝～だろう □あっけにとられる 놀라거나 질려서 멍해지다, 어안이 벙벙하다 □岩村 神奈川(かながわ)현 足柄下(あしがらしも)군에 있는 지명

良平はほとんど泣きそうになった。が、泣いてもしかたがないと思った。泣いている場合(ばあい)ではないとも思った。彼は若い二人の土工に、取(と)ってつけたようなおじぎをすると、どんどん線路伝(せんろづた)い走りだした。

良平はしばらく無我夢中(むがむちゅう)に線路のそばを走り続けた。そのうちに懐(ふところ)の菓子包(がしづつ)みが、邪魔(じゃま)になることに気がついたから、それを道端(みちばた)へ放(ほう)り出(だ)すついでに、板草履(いたぞうり)もそこへ脱(ぬ)ぎ捨(す)ててしまった。すると薄(うす)い足袋(たび)の裏(うら)へじかに小石(こいし)が食(く)い込(こ)んだが、足だけははるかに軽くなった。彼は左に海を感じながら、急な坂道(さかみち)を駆(か)け登(のぼ)った。時々涙(なみだ)がこみ上(あ)げてくると、自然(しぜん)に顔がゆがんでくる。——それは無理(むり)に我慢(がまん)しても、鼻だけは絶(た)えずくうくう鳴った。

□取ってつけたよう 언행이 억지로 갖다 붙인 것 같이 어색함, 부자연스러움, 앞뒤가 맞지 않음 〈取ってつけたような態度 어색한 태도〉 □おじぎをする 머리 숙여 인사하다, 절하다 □~伝い (지형 · 건물 등을 나타내는 명사에 붙어) ~을 따라, ~을 넘어 〈海岸(かいがん)伝いに歩いていった 해안을 따라서 걸어갔다〉 □無我夢中 어떤 일에 열중하여 자신을 잊어버림 〈無我夢中で逃げる 정신없이 달아나다〉 □道端 길가 □放り出す 밖으로 내던지다 □板草履 밑바닥에 가로로 판자 조각을 박은 짚신 □脱ぎ捨てる 벗어 던지다, 벗어서 아주 버리다 □足袋 일본 버선 □食い込む 파먹다, 파고들다, 침투하다 □はるかに 훨씬 □坂道 비탈길 □こみ上げる 치밀어 오르다, 복받치다 □ゆがむ 비뚤어지다, 일그러지다 □我慢する 참다, 견디다, 인내하다

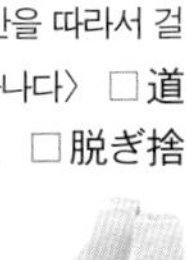

竹やぶのそばを駆(か)け抜(ぬ)けると、夕焼けのした日金山(ひがねやま)の空も、もうほてりが消えかかっていた。良平はいよいよ気が気でなかった。行(ゆ)きと帰(かえ)りと変わるせいか、景色(けしき)の違うのも不安(ふあん)だった。すると今度は着物(きもの)までも、汗(あせ)の濡(ぬ)れ通(とお)ったのが気になったから、やはり必死(ひっし)に駆(か)け続けたなり、羽織(はおり)を道端へ脱いで捨てた。

みかん畑(ばたけ)へ来るころには、辺(あた)りは暗くなる一方(いっぽう)だった。「命(いのち)さえ助(たす)かれば。」——良平はそう思いながら、滑(すべ)ってもつまずいても走って行った。

やっと遠い夕闇(ゆうやみ)の中に、村外れの工事場が見えた時、良平はひと思いに泣きたく泣った。しかしその時もべそはかいたが、とうとう泣かずに駆け続けた。

□**駆け抜ける** 달려서 지나가다, 빠져 나가다 □**夕焼け** 저녁노을 □**日金山** 静岡(しずおか)현 동부 熱海(あたみ)시 서북쪽에 있는 산 □**ほてり** (열기 · 분노 · 수치심 등으로) 얼굴이 빨개짐, 저녁노을로 하늘이 붉게 물드는 것 □**いよいよ** 점점, 더욱더, 드디어 □**気が気でない** 걱정으로 마음이 불안하다, 초조하다 □**濡れ通る** 속까지 함빡 젖다 □**～なり** (동사 た형에 붙어) ~한 채 □**辺り** 부근, 주위, 근처 ■**～一方だ** (동사 기본형에 붙어) 오로지 ~뿐이다, ~만 하다 〈政治家に対しての不満がたまる一方だ 정치가에 대한 불만이 쌓여만 갈 뿐이다〉 □**滑る** 미끄러지다 □**つまずく** 발이 걸려 넘어질 뻔하다, 무언가에 발부리가 걸려 비틀거리다 □**夕闇** 땅거미 □**ひと思いに** 단숨에, 단번에, 과감하게 〈一思いにやってしまう 단번에 해치우다〉 □**べそ** 어린아이의 울 듯한 얼굴, 울상 〈べそをかく 울상이 되다〉

彼の村へ入ってみると、もう両側(りょうがわ)の家々(いえいえ)には、電灯(でんとう)の光がさし合(あ)っていた。良平はその電灯の光に、頭から汗の湯気(ゆげ)の立つのが、彼自身にもはっきりわかった。井戸端(いどばた)に水をくんでいる女衆(おんなしゅ)や、畑から帰ってくる男衆(おとこしゅ)は、良平があえぎあえぎ走るのを見ては、「おい、どうしたね?」などと声をかけた。が、彼は無言(むごん)のまま、雑貨屋(ざっかや)だの床屋(とこや)だの、明るい家の前を走り過ぎた。

□さし合う 서로 비추다 □井戸端 우물가 □女衆 아낙네들 □男衆 남정네들 □あえぎあえぎ 숨을 헐떡이며 괴로운 듯이 〈あえぐ 헐떡이다, 숨차하다 | あえぎあえぎ坂道を登る 헐떡거리며 비탈길을 오르다〉 □声をかける 말을 걸다 □雑貨屋 잡화점 □床屋 이발소 ■~だの (사물 · 일 등을 열거하는 조사) ~이며, ~라든가, ~라느니 〈石けんだの歯みがきだのを売る 비누라든가 칫솔 따위를 팔다〉

彼の家の門口(かどぐち)へ駆け込んだ時、良平はとうとう大声(おおごえ)に、わっと泣きださずにはいられなかった。その泣き声は彼の周(まわ)りへ、一時に父や母を集(あつ)まらせた。ことに母は何とか言いながら、良平の体(からだ)を抱(かか)えるようにした。が、良平は手足(てあし)をもがきながら、すすり上げすすり上げ泣き続けた。その声があまり激(はげ)しかったせいか、近所(きんじょ)の女衆も三、四人、薄暗(うすぐら)い門口へ集まってきた。父母はもちろん、その人たちは、口々(くちぐち)に彼の泣くわけを尋(たず)ねた。しかし彼は何と言われても、泣き立てるより外にしかたがなかった。あの遠い道を駆(か)け通(とお)してきた、今までの心細(こころぼそ)さを振(ふ)り返(かえ)ると、いくら大声に泣き続けても、足(た)りない気持ちに迫(せま)られながら、……

□門口 출입구, 문간 ■～ずにはいられない ~하지 않을 수 없다 □抱える 안다, 감싸다 □もがく 발버둥치다 〈もがけばもがくほど深みにはまる 발버둥치면 칠수록 깊숙이 빠지다〉 □すすり上げる 콧물을 훌쩍거리다, 훌쩍거리며 울다 □口々 저마다 말함 □わけ 이유, 원인, 까닭 □泣きたてる 소리 내어 시끄럽게 울다 〈～たてる는 동사 ます형에 붙어 그 동작이 심해짐을 나타냄, 呼びたてる 불러대다〉 □駆け通す 쉬지 않고 달리다 □振り返る 되돌아보다, 회상하다 □足りる 족하다, 충분하다 □迫る 다가오다, 육박하다, 재촉하다, 강요하다

良平は二十六の年(とし)、妻子(さいし)といっしょに東京へ出て来た。今ではある雑誌社(ざっししゃ)の二階に、校正(こうせい)の朱筆(しゅふで)を握(にぎ)っている。が、彼はどうかすると、全然(ぜんぜん)なんの理由(りゆう)もないのに、その時の彼を思い出すことがある。全然なんの理由もないのに？——塵労(じんろう)に疲(つか)れた彼の前には今でもやはりその時のように、薄暗いやぶや坂のある道が、細々(ほそぼそ)と一筋断続(ひとすじだんぞく)している。……

□**妻子** 처자식 □**校正** 교정 □**朱筆** 주필, 붉은 먹을 묻힌 붓 〈책의 교정을 붉은 색으로 보는 것에 빗대어 비유적으로 씀〉 □**握る** 잡다 □**塵労** 일상생활에 항상 따라다니는 괴로움 □**細々** 가느다랗게, 근근히 □**一筋** 오직 그것에만 마음을 기울임 □**断続** 끊겼는가 싶더니 다시 이어짐

羅生門(らしょうもん)

ある日の暮(く)れ方(がた)のことである。一人の下人(げにん)が、羅生門(らしょうもん)の下(した)で雨(あま)やみを待(ま)っていた。

広(ひろ)い門(もん)の下には、この男のほかに誰(だれ)もいない。ただ、所々(ところどころ)丹塗(にぬ)りのはげた、大きな円柱(まるばしら)に、きりぎりすが一匹(いっぴき)止(と)まっている。羅生門が、朱雀大路(すざくおおじ)にある以上(いじょう)は、この男のほかにも、雨やみをする市女笠(いちめがさ)や揉烏帽子(もみえぼうし)が、もう二、三人はありそうなものである。それが、この男のほかには誰もいない。

□**羅生門** 京都 平安京(へいあんきょう)의 정문〈朱雀大路의 남단에 있던 문으로 원래는 羅城門(らじょうもん)으로 표기함〉 □**暮れ方** 해질녘, 저녁 때 □**下人** 신분이 미천한 사람, 하인 □**雨やみ** 비가 멎음, 또는 그 사이 □**丹塗り** 붉은 칠을 함, 또 그런 것 □**はげる** (칠, 껍데기 따위가) 벗겨지다, 퇴색하다 □**円柱** 원통 기둥 □**きりぎりす** 여치 □**朱雀大路** 平安京의 중앙을 관통하는 대로 □**市女笠** 사초(莎草)로 짠 삿갓으로, 원래는 시장에서 장사하는 여자들이 사용했지만 平安(へいあん) 중기 이후 상류층 자녀의 외출용으로 사용되었음 □**揉烏帽子** 옛날에 투구 밑에 쓰던 부드러운 두건 □**～ものだ** (동사 기본형과 부정형에 붙어) ~법이다, ~는 것이 당연하다〈誰でも我が子はかわいいものだ 누구라도 제집 아이는 귀여운 법이다〉

なぜかというと、この二、三年、京都には、地震とか辻風とか火事とか飢饉とかいう災いが続いて起こった。そこで洛中のさびれ方は一通りではない。旧記によると、仏像や仏具を打ち砕いて、その丹がついたり、金銀の箔がついたりした木を、道端に積み重ねて、薪の料に売っていたということである。洛中がその始末であるから、羅生門の修理などは、もとより誰も捨てて顧みる者がなかった。するとその荒れ果てたのをよいことにして、狐狸がすむ。盗人がすむ。とうとうしまいには、引き取り手のない死人を、この門へ持ってきて、捨てて行くという習慣さえできた。そこで、日の目が見えなくなると、誰でも気味を悪がって、この門の近所へは足踏みをしないことになってしまったのである。

□**辻風** 회오리바람, 선풍 □**飢饉** 기근 □**災い** 화, 불행, 재앙 □**洛中** 도성 안, 장안, 특히 쿄토 시내 □**さびれる** (번창하던 곳이) 쇠퇴하다 □**一通り** (대개 부정 표현을 동반하여) 보통, 엔간함 〈一通りの練習ではできない 엔간한 연습으로는 안 된다〉 □**旧記** 옛 기록 〈여기에서는 『方丈記(제2장)』를 가리킴〉 □**打ち砕く** 때려부수다, 쳐부수다 □**箔** (금박, 은박 등의) 박 □**積み重ねる** 겹쳐 쌓다, 포개어 쌓다 □**薪** 땔나무, 장작 □**料** 재료 □**始末** (나쁜) 결과, 형편 □**顧みる** 회고하다, 뒤돌아보다 □**荒れ果てる** 몹시 거칠어지다, 몹시 황폐해지다 〈果てる (동사 ます형에 붙어) 완전히 ~하다, 극도로 ~하다〉 □**狐狸** 여우와 너구리 □**引き取り手** 인수자 □**気味を悪がる** 으스스하여 기분 나쁘게 생각하다, 불안하고 무섭다 □**足踏み** 발을 들여놓음, 출입 〈そんな所へ足踏みするな 그런데 발을 들여 놓지 말아라〉

その代(か)わりまた、鴉(からす)がどこからか、たくさん集(あつ)まってきた。昼間(ひるま)見ると、その鴉が何羽(なんわ)となく輪(わ)を描(えが)いて、高い鴟尾(しび)の周(まわ)りを鳴(な)きながら、飛(と)び回(まわ)っている。ことに門の上の空が、夕焼(ゆうや)けで赤(あか)くなる時には、それが胡麻(ごま)をまいたようにはっきり見えた。鴉は、もちろん、門の上にある死人の肉(にく)を、ついばみに来るのである。――もっとも今日は、刻限(こくげん)が遅(おそ)いせいか、一羽(いちわ)も見えない。ただ、所々、崩(くず)れかかった、そうしてその崩れ目(め)に長い草(くさ)の生(は)えた石段(いしだん)の上(うえ)に、鴉の糞(ふん)が、点々(てんてん)と白くこびりついているのが見える。下人(げにん)は七段(しちだん)ある石段の一番上(いちばんうえ)の段(だん)に、洗(あら)いざらした紺(こん)の襖(あお)の尻(しり)を据(す)えて、右の頬(ほお)にできた、大きなにきびを気にしながら、ぼんやり、雨の降るのを眺(なが)めていた。

作者(さくしゃ)はさっき、「下人が雨やみを待っていた。」と書いた。

□ ～となく 확실히 ~라는 것이 아니라, ~라 정한 것이 아니라 〈확실하지 않은 상황임을 나타냄〉 □ 描く 그리다, 묘사하다 □ 鴟尾 치미, 망새, 궁전 · 사원 등의 용마루 양쪽 끝머리에 얹는 장식 기와 □ 飛び回る 날아 돌아다니다 □ ことに 특히, 특별히 □ 胡麻 참깨 □ まく 뿌리다 □ ついばむ (새가) 쪼다, 쪼아 먹다 □ もっとも 다만, 하지만 □ 刻限 정해진 시각, 정각 〈約束の刻限が来た 약속한 시간이 됐다〉 □ 崩れかかる 무너져서 다른 것 위에 떨어지다, 무너지기 시작하다 □ 糞 똥, 대변, 분비물 □ こびりつく 달라붙다, 들러붙다 〈心配が頭にこびりつく 걱정이 머리에서 떠나지 않다〉 □ 七段 일곱 계단 〈羅生門의 돌계단은 원래 다섯 계단임〉 □ 洗いざらす 여러 번 빨아 색이 바래다, 색이 바래도록 빨다 □ 襖 안감을 댄 겹옷, 서민의 평상복이었음 □ 尻を据える 앉다, 엉덩이를 붙이다 □ にきび 여드름

しかし、下人は雨がやんでも、格別どうしようという当てはない。ふだんなら、もちろん、主人の家へ帰るべきはずである。ところがその主人からは、四、五日前に暇を出された。前にも書いたように、当時京都の町は一通りならず衰微していた。今この下人が、永年、使われていた主人から、暇を出されたのも、実はこの衰微の小さな余波にほかならない。だから「下人が雨やみを待っていた。」というよりも、「雨に降りこめられた下人が、行き所がなくて、途方に暮れていた。」という方が、適当である。その上、今日の空模様も少なからず、この平安朝の下人の Sentimentalisme に影響した。申の刻下がりから降り出した雨は、いまだに上がる気色がない。そこで、下人は、何をおいてもさしあたり明日の暮らしをどうにかしようとして——いわばどうにもならないことを、

□ **格別** 특별히, 각별히, (뒤에 부정이 말이 올 때) 그다지 □ **当て** 방법, 수단, 목표, 기대 □ **暇を出す** (고용인을) 해고하다 □ **衰微** 쇠미, 쇠퇴 □ **余波** 여파 □ **降りこめる** 눈·비에 갇히다 □ **途方** 수단, 방도 〈途方に暮れる 어찌할 바를 모르다, 망연자실하다〉 □ **空模様** 날씨 □ **平安朝** 헤이안 시대 (794~1185년경) □ **申の刻** 신시:오후 4시경 □ **下がり** 정각을 지남, 또 그때 〈昼下がり 한낮이 좀 지남〉 □ **上がる** (비가) 그치다, 멈추다 〈梅雨が上がる 장마가 개다〉 □ **何をおいても** 무엇보다도 □ **さしあたり** 당장, 당분간

どうにかしようとして、とりとめもない考えをたどりながら、さっきから朱雀大路（すざくおおじ）に降る雨の音（おと）を、聞くともなく聞いていたのである。

雨は、羅生門を包（つつ）んで、遠くから、ざあっという音を集めてくる。夕闇（ゆうやみ）は次第（しだい）に空を低（ひく）くして、見上（みあ）げると、門の屋根（やね）が、斜（なな）めに突（つ）き出（だ）した甍（いらか）の先（さき）に、重（おも）たく薄暗（うすぐら）い雲（くも）を支（ささ）えている。

どうにもならないことを、どうにかするためには、手段（しゅだん）を選（えら）んでいるいとまはない。選んでいれば、築土（ついじ）の下か、道端（みちばた）の土（つち）の上で、飢（う）え死（じ）にをするばかりである。そうして、この門の上へ持ってきて、犬（いぬ）のように捨（す）てられてしまうばかりである。選ばないとすれば——下人の考えは、何度も同じ道（みち）を低回（ていかい）したあげくに、やっとこの局所（きょくしょ）へ逢着（ほうちゃく）した。しかしこの「すれば」は、いつまでたっても、結局（けっきょく）「すれば」であった。

□ **とりとめ** 요점, 두서 〈とりとめのない話 종잡을 수 없는 이야기〉 □ **たどる** 더듬다, 더듬어 찾다 〈記憶をたどる 기억을 더듬다〉 ■ **〜ともなく** (동사 기본형에 붙어) ~할 작정 없이 ~하다, ~생각 없이 ~하다 〈見るともなく見る 아무런 볼 생각 없이 보다〉 □ **斜めに** 비스듬하게 □ **突き出す** 쑥 내밀다, 떠밀어내다, 튀어나오다 □ **甍** 용마루, 지붕을 이는 기와 □ **重たい** 묵직하다 □ **支える** 떠받치다, 지탱하다 □ **いとま** 틈, 짬 =ひま □ **築土** 기둥을 세우고 널판지로 심을 댄 위에 진흙을 발라 그 위에 기와를 덮은 토담 □ **飢え死にをする** 굶어 죽다 □ **低回** 생각에 잠기어 여기저기 거닒 ■ **〜たあげく** ~(한) 끝에 〈さんざん悩(なや)んだあげく退職(たいしょく)した 몹시 고민한 끝에 퇴직했다〉 □ **局所** 국소, 제한된 일부분 □ **逢着** 봉착

下人は、手段を選ばないということを肯定(こうてい)しながらも、この「すれば」のかたをつけるために、当然(とうぜん)、その後(のち)に来(き)たるべき「盗人(ぬすびと)になるよりほかにしかたがない」ということを、積極的(せっきょくてき)に肯定するだけの、勇気(ゆうき)が出(で)ずにいたのである。

下人は、大きなくさめをして、それから、大儀(たいぎ)そうに立(た)ち上(あ)がった。夕冷(ゆうび)えのする京都は、もう火桶(ひおけ)がほしいほどの寒さである。風は門の柱(はしら)と柱との間(あいだ)を、夕闇とともに遠慮(えんりょ)なく、吹(ふ)き抜(ぬ)ける。丹塗(にぬ)りの柱に止(と)まっていたきりぎりすも、もうどこかへ行ってしまった。

下人は、首(くび)を縮(ちぢ)めながら、山吹(やまぶき)の汗衫(かざみ)に重(かさ)ねた、紺(こん)の襖(あお)の肩(かた)を高くして門の周りを見回(みまわ)した。雨風(あめかぜ)の憂(うれ)えのない、人目(ひとめ)にかかる恐(おそ)れのない、一晩楽(ひとばんらく)に寝(ね)られそうな所があれば、そこでともかくも、夜(よ)を明(あ)かそうと思ったからである。

□**肯定** 긍정 □**かたをつける** 결말을 짓다, 매듭을 짓다 □**～だけの** ~할 만한, ~만큼의 □**くさめをする** 재채기를 하다 □**大儀** 귀찮고 힘든 모양, 피곤하고 나른한 모양 =めんどうくさい □**夕冷え** 저녁에 느끼는 추위 □**火桶** 나무로 만든 둥근 화로 □**吹き抜ける** 바람이 지나가다 □**縮める** 줄이다, 축소하다, 움츠리다 □**山吹** 황매화빛, 황금빛 〈山吹色(やまぶきいろ)의 준말〉 □**汗衫** 여름에 땀받이로 입었던 마로 된 홑옷 □**見回す** 둘러보다 □**憂え** 근심, 걱정, 슬픔 〈보통 うれい라고 함〉 □**人目にかかる** 남의 눈에 띄다 □**ともかくも** 어찌 되었든 간에, 하여간 □**夜を明かす** 밤을 새우다

すると、幸(さいわ)い門の上の楼(ろう)へ上(のぼ)る、幅(はば)の広い、これも丹(に)を塗(ぬ)ったはしごが目についた。上なら、人がいたにしても、どうせ死人(しにん)ばかりである。下人はそこで、腰(こし)に下(さ)げた聖柄(ひじりづか)の太刀(たち)が鞘走(さやばし)らないように気をつけながら、わら草履(ぞうり)を履(は)いた足を、そのはしごの一番下の段(だん)へ踏(ふ)みかけた。

それから、何分(なんぷん)かの後(のち)である。羅生門の楼(ろう)の上へ出る、幅の広いはしごの中段(ちゅうだん)に、一人の男が、猫(ねこ)のように身(み)を縮(ちぢ)めて、息(いき)を殺(ころ)しながら、上の様子(ようす)をうかがっていた。楼の上からさす火(ひ)の光(ひかり)が、かすかに、その男の右の頰(ほお)をぬらしている。短いひげの中に、赤くうみを持ったにきびのある頰である。下人は、初(はじ)めから、この上にいる者は、死人ばかりだと高(たか)を括(くく)っていた。それが、はしごを二(に)、三段上(さんだんのぼ)って見ると、上では誰か火をとぼして、しかもその火をそこここと動(うご)かしているらしい。

□幸い 다행히 □楼 망루 □塗る 칠하다, 바르다 □はしご 사다리 □目につく 눈에 띄다 □どうせ 어차피, 어떻든, 하여간 〈どうせ行くなら早い方がいい 어차피 갈 바에야 일찍 가는 편이 좋다〉 □腰に下げる 허리에 차다 □聖柄 상어 가죽을 붙이지 않은 나무 그대로의 칼집 □太刀 허리에 차는 긴 칼 □鞘走る 칼이 칼집으로부터 저절로 빠져나오다 □わら草履 짚으로 만든 짚신 □踏みかける 밟다 □息を殺す 숨을 죽이다 □かすか 희미함, 미약함 □ぬらす 적시다 □ひげ 수염 □うみ 고름, 농 □高を括る 깔보다, 얕보다, 하찮게 보다 □とぼす 불을 켜다 □そこここ 거기, 어디, 그 근처(근방)

これは、その濁(にご)った、黄色(きいろ)い光が、隅々(すみずみ)に蜘蛛(くも)の巣(す)をかけた天井裏(てんじょううら)に、揺(ゆ)れながら映(うつ)ったので、すぐにそれと知れたのである。この雨の夜に、この羅生門の上で、火をともしているからは、どうせただの者ではない。

下人は、守宮(やもり)のように足音(あしおと)を盗(ぬす)んで、やっと急(きゅう)なはしごを、一番上の段まで這(は)うようにして上(のぼ)りつめた。そうして体をできるだけ、平(たい)らにしながら、首をできるだけ、前へ出して、恐(おそ)る恐(おそ)る、楼の内(うち)をのぞいてみた。

□濁る 탁하게 되다, 흐려지다 □蜘蛛の巣 거미줄 □天井 천장 □揺れる 흔들리다 □ともす 불을 켜다 ＝とぼす □ただの者 보통사람 □守宮 도마뱀붙이 □足音を盗む 발소리를 죽이다 □這う 기다 □上りつめる 꼭대기까지 오르다, 다 오르다 □平らに 평평하게

見ると、楼の内には、うわさに聞いたとおり、いくつかの死骸(しがい)が、無造作(むぞうさ)に捨ててあるが、火の光の及(およ)ぶ範囲(はんい)が、思ったより狭(せま)いので、数(かず)はいくつともわからない。ただ、おぼろげながら、知れるのは、その中に裸(はだか)の死骸と、着物(きもの)を着た死骸とがあるということである。もちろん、中には女も男もまじっているらしい。そうして、その死骸はみな、それが、かつて、生(い)きていた人間(にんげん)だという事実(じじつ)さえ疑(うたが)われるほど、土(つち)をこねて造(つく)った人形(にんぎょう)のように、口を開(あ)いたり手を伸(の)ばしたりして、ごろごろ床(ゆか)の上に転(ころ)がっていた。しかも、肩とか胸(むね)とかの高くなっている部分(ぶぶん)に、ぼんやりした火の光を受(う)けて、低(ひく)くなっている部分の影(かげ)を一層暗(いっそうくら)くしながら、永久(えいきゅう)におしのごとく黙(だま)っていた。

□**死骸** 사체 □**及ぶ** 달하다, 이르다, 미치다 □**おぼろげ** 몽롱한 모양, 어슴푸레한 모양 〈人の影がおぼろげに見える 사람 그림자가 어슴푸레하게 보이다〉 □**裸** 알몸 □**まじる** 섞이다 □**生きる** 생존하다, 생명이 있다 □**こねる** 반죽하다, 개다 □**手を伸ばす** 손을 뻗다 □**ごろごろ** 크고 무거운 것이 굴러가는 모양, 데굴데굴 □**床** 바닥 □**転がる** 구르다, 눕다 □**永久に** 영구히 □**おし** 벙어리 ■**～ごとく** (동사 기본형 · 명사の에 붙어) ~처럼, ~와 같이 〈時間が矢(や)のごとく過ぎていく 시간이 화살처럼 지나간다〉

下人は、それらの死骸の腐乱(ふらん)した臭気(しゅうき)に、思わず鼻を覆(おお)った。しかし、その手つきは、次の瞬間(しゅんかん)には、もう鼻を覆うことを忘(わす)れていた。ある強い感情(かんじょう)が、ほとんどことごとくこの男の嗅覚(きゅうかく)を奪(うば)ってしまったからである。

下人の目は、その時、初(はじ)めてその死骸の中にうずくまっている人間を見た。檜皮色(ひわだいろ)の着物を着た、背の低い、やせた、白髪頭(しらがあたま)の、猿(さる)のような老婆(ろうば)である。その老婆は、右の手に火をともした松(まつ)の木切(きぎ)れを持って、その死骸の一つの顔をのぞき込(こ)むように眺めていた。髪の毛の長いところを見ると、たぶん女の死骸であろう。

下人は、六分(ろくぶ)の恐怖(きょうふ)と四分(よんぶ)の好奇心(こうきしん)とに動(うご)かされて、暫時(ざんじ)は呼吸(いき)をするのさえ忘れていた。旧記(きゅうき)の記者(きしゃ)の語(ご)を借(か)りれば、「頭身(とうしん)の毛(け)も太(ふと)る」ように感じたのである。すると老婆は、

□腐乱 썩어 문드러짐　□臭気 악취　□覆う 덮다, 뒤덮다, 씌우다 〈雨雲(あまぐも)が空を覆う 비구름이 하늘을 뒤덮다〉　□手つき 손놀림　□ことごとく 전부, 모조리, 몽땅 〈ことごとく失敗に終わる 모두 다 실패로 끝나다〉　□嗅覚 후각　□奪う 빼앗다, 탈취하다　□うずくまる 웅크리다, 쭈그리고 앉다　□檜皮色 붉은색을 띤 갈색　□老婆 노파　□木切れ 나뭇조각　□のぞき込む 가까이에서 들여다보다, 들여다보다, 얼굴을 가까이 대고 보다　□～分 ~할　□恐怖 공포　□好奇心 호기심　□暫時 잠시(한문투의 말씨) ＝しばらく　□頭身の毛も太る 몸의 털이 곤두서는 듯한 공포 〈今昔物語(こんじゃくものがたり, 31권으로 되어 있는 작자미상의 설화집)에 나옴〉

松の木切れを、床板(ゆかいた)の間(あいだ)に挿(さ)して、それから、今まで眺めていた死骸の首に両手(りょうて)をかけると、ちょうど、猿の親(おや)が猿の子のしらみを取(と)るように、その長い髪の毛を一本(いっぽん)ずつ抜(ぬ)き始(はじ)めた。髪は手に従って抜けるらしい。

その髪の毛が、一本ずつ抜けるのに従(したが)って、下人の心からは、恐怖が少しずつ消(き)えていた。そうして、それと同時に、この老婆に対(たい)するはげしい憎悪(ぞうお)が、少しずつ動いてきた。――いや、この老婆に対すると言っては、語弊(ごへい)があるかもしれない。むしろ、あらゆる悪(あく)に対する反感(はんかん)が、一分(いっぷん)ごとに強さを増(ま)してきたのである。この時、誰かがこの下人に、さっき門の下でこの男が考えていた、飢(う)え死(じ)にをするか盗人になるかという問題(もんだい)を、改(あらた)めて持(も)ち出(だ)したら、おそらく下人は、何の未練(みれん)もなく、飢え死にを選んだことであろう。それほど、この男の悪を憎(にく)む心は、老婆の床(ゆか)に挿した松の木切れのように、勢(いきお)いよく燃(も)え上(あ)がりだしていたのである。

□挿す 꽂다 □しらみ 이(虱) □抜ける 빠지다, 누락하다 □憎悪 증오 □語弊 어폐 □あらゆる 온갖, 모든 □増す 늘어나다, 증가하다 □改めて 다시, 새삼스럽게 □未練 미련 □憎む 미워하다, 증오하다 □燃え上がる 불타오르다

下人には、もちろん、なぜ老婆が死人の髪の毛を抜くかわからなかった。従って、合理的(ごうりてき)には、それを善悪(ぜんあく)のいずれにかたづけてよいか知らなかった。しかし下人にとっては、この雨の夜に、この羅生門の上で、死人の髪の毛を抜くということが、それだけですでに許(ゆる)すべからざる悪(あく)であった。もちろん、下人は、さっきまで自分(じぶん)が、盗人になる気でいたことなぞは、とうに忘れているのである。

そこで、下人は、両足(りょうあし)に力(ちから)を入(い)れて、いきなり、はしごから上へ飛(と)び上(あ)がった。そうして聖柄(ひじりづか)の太刀(たち)に手をかけながら、大股(おおまた)に老婆の前へ歩(あゆ)み寄(よ)った。老婆が驚(おどろ)いたのは言うまでもない。

老婆は、一目(ひとめ)下人を見ると、まるで弩(いしゆみ)にでもはじかれたように、飛び上がった。

□**善悪** 선악　□**いずれ** 어느 쪽(곳)　□**かたづける** 정리하다　■**~べからざる** (べし의 부정형으로, 금지 · 제지 · 불가능을 나타냄) ~해서는 안 된다 〈文を作るのに欠(か)くべからざるものは何よりも創作的(そうさくてき)情熱(じょうねつ)である 문장을 쓰는 데 없어서는 안 될 것은 무엇보다도 창조적 정열이다〉
□**とうに** 벌써, 이미 =とっくに 〈それはとうにわかっていたことだ 그것은 벌써부터 알고 있었던 일이다〉
□**いきなり** 갑자기, 돌연, 느닷없이　□**飛び上がる** 높이 날아오르다, 뛰어오르다　□**大股** 가랑이를 크게 벌림, 황새걸음　□**歩み寄る** 걸어서 다가가다, 서로 다가가다　□**弩** 노, 노포, 쇠뇌, 탄력을 이용해서 화살이나 돌을 날리던 활 모양의 옛 무기 중 하나　□**はじく** 튀기다, 튀겨 내다 〈水をはじく加工(かこう)を施(ほどこ)した革(かわ) 물을 튀겨 내는 가공을 가한 가죽〉

「おのれ、どこへ行く。」

下人は、老婆が死骸につまずきながら、慌(あわ)てふためいて逃(に)げようとする行(ゆ)く手(て)をふさいで、こうののしった。老婆は、それでも下人を突(つ)きのけて行こうとする。下人はまた、それを行かすまいとして、押(お)し戻(もど)す。二人は死骸の中で、しばらく、無言(むごん)のまま、つかみ合(あ)った。しかし勝敗(しょうはい)は、初(はじ)めからわかっている。下人はとうとう、老婆の腕(うで)をつかんで、無理(むり)にそこへねじ倒(たお)した。ちょうど、鶏(にわとり)の足のような、骨(ほね)と皮(かわ)ばかりの腕である。

「何をしていた。言え。言わぬと、これだぞよ。」

下人は、老婆を突(つ)き放(はな)すと、いきなり、太刀(たち)の鞘(さや)を払(はら)って、白い鋼(はがね)の色をその目の前へ突きつけた。けれども、老婆は黙っている。両手をわなわな震(ふる)わせて、肩で息(いき)を切(き)りながら、

□おのれ 이놈(년) □慌てふためく 당황하여 허둥거리다 □行く手 전방, 가는 길 □ふさぐ 막다 □ののしる 큰 소리로 비난하다, 욕을 퍼붓다, 매도하다 □突きのける 밀어 젖히다 〈人をつきのけて通る 사람을 밀어 제치고 지나가다〉 □つかみ合う 서로 맞잡다, 맞잡고 싸우다 □つかむ 잡다, 붙잡다 □ねじ倒す 비틀어 넘어뜨리다 □突き放す 떼밀어 버리다, 뿌리치다 =つきとばす □鞘 칼집 □鋼 강철 □突きつける 들이대다, (거칠게) 내밀다 □わなわな 오들오들, 와들와들, 후들후들 〈唇をわなわなさせて怒っている 입술을 파르르 떨면서 화내고 있다〉 □震う 흔들리다, 떨리다 □肩で息を切る 어깨를 올렸다 내렸다 하며 숨을 쉬다 〈息を切る 숨을 헐떡이다〉

目を、目玉(めだま)がまぶたの外(そと)へ出そうになるほど、見開(みひら)いて、おしのように執拗(しゅうね)く黙っている。これを見ると、下人は初めて明白(めいはく)にこの老婆の生死(せいし)が、全然(ぜんぜん)自分の意志(いし)に支配(しはい)されているということを意識(いしき)した。そうしてこの意識は、今まで険(けわ)しく燃(も)えていた憎悪(ぞうお)の心を、いつの間(ま)にか冷(さま)してしまった。後(あと)に残(のこ)ったのは、ただ、ある仕事(しごと)をして、それが円満(えんまん)に成就(じょうじゅ)した時の、安(やす)らかな得意(とくい)と満足(まんぞく)とがあるばかりである。そこで、下人は、老婆を見下(みお)ろしながら、少し声を和(やわ)らげてこう言った。

「おれは検非違使(けびいし)の庁(ちょう)の役人(やくにん)などではない。今しがたこの門の下を通(とお)りかかった旅(たび)の者(もの)だ。だからお前に縄(なわ)をかけて、どうしようというようなことはない。ただ、今時分(いまじぶん)この門の上で、何をしていたのだか、それをおれに話しさえすればいいのだ。」

□**まぶた** 눈꺼풀 □**見開く** 눈을 (크게) 뜨다 □**執拗い** 끈질기다, 집착이 강하다 〈執拗くたずねる 끈질기게 물어보다〉 □**険しい** 거칠다, 험하다, 격렬하다 □**燃える** 불타다, 피어오르다 □**冷す** 식히다, 진정시키다 □**円満** 원만 □**成就** 성취 □**安らか** 평온(함), 태평(함), 편안(함) □**和らげる** 누그러뜨리다, 완화하다 □**検非違使の庁** 平安 시대 쿄토의 치안과 재판을 담당하던 관청 □**今しがた** 방금, 조금 전, 지금 막 〈今しがた起きた 조금 전에 일어났다〉 □**通りかかる** 마침 그곳을 지나가다 □**縄をかける** 죄인을 포박하다, 새끼줄로 묶다 □**今時分** 지금쯤, 이맘때

すると、老婆は、見開いていた目を、一層(いっそう)大きくして、じっとその下人の顔を見守(みまも)った。まぶたの赤くなった、肉食鳥(にくしょくちょう)のような、鋭(するど)い目で見たのである。それから、しわで、ほとんど、鼻と一つになった唇(くちびる)を、何(なに)か物(もの)でもかんでいるように動かした。細(ほそ)いのどで、とがったのど仏(ぼとけ)の動いているのが見える。その時、そののどから、鴉(からす)の鳴くような声が、あえぎあえぎ、下人の耳へ伝(つた)わってきた。

「この髪を抜いてな、この髪を抜いてな、鬘(かずら)にしょうと思うたのじゃ。」

下人は、老婆の答(こた)えが存外(ぞんがい)、平凡(へいぼん)なのに失望(しつぼう)した。そうして失望すると同時に、また前の憎悪が、冷(ひ)ややかな侮蔑(ぶべつ)といっしょに、心の中へ入(はい)ってきた。すると、その気色(けしき)が、先方(せんぼう)へも通(つう)じたのであろう。老婆は、片手(かたて)に、まだ死骸の頭から奪(と)った長い抜(ぬ)け毛(げ)を持ったなり、蟇(ひき)のつぶやくような声で、口(くち)ごもりながら、こんなことを言った。

□**見守る** 지켜보다 □**肉食鳥** 독수리, 매 등 육식을 하는 종류《노파를 원숭이, 닭 그리고 뒤에 나오는 까마귀 등 조금류에 비유하여 묘사하고 있는 것이 특색임》 □**とがる** 뾰족하다 □**のど仏** 목젖 □**鬘** 가발 =かつら □**~じゃ** ~(이)다〈~である의 변한말〉 □**存外** 의외, 뜻밖, 예상 외〈存外手ごわい相手だ 예상 외로 힘겨운 상대다〉 □**平凡** 평범 □**冷ややか** 차가운(쌀쌀한) 모양, (인정이나 동정이 없이) 냉담한 모양〈冷ややかな目で見る 차가운 눈으로 보다〉 □**侮蔑** 모멸 □**奪る** 빼앗다, 탈취하다 □**抜け毛** 탈모, 빠진 머리털 □**蟇** 두꺼비 =ひきがえる □**つぶやく** 중얼거리다 □**口ごもる** 입안의 소리를 하다, 말을 우물거리다

「なるほどな、死人(しびと)の髪の毛を抜くということは、何(なん)ぼう悪いことかもしれぬ。じゃが、ここにいる死人どもは、みな、そのくらいなことを、されてもいい人間ばかりだぞよ。現在(げんざい)、わしが今、髪を抜いた女などはな、蛇(へび)を四寸(しすん)ばかりずつに切って干(ほ)したのを、干し魚(ほうお)だというて、太刀帯(たてわき)の陣(じん)へ売りに往(い)んだわ。疫病(えやみ)にかかって死ななんだら、今でも売りに往んでいたことであろ。それもよ、この女の売る干し魚は、味(あじ)がよいというて、太刀帯どもが、欠(か)かさず采料(さいりょう)に買っていたそうな。わしは、この女のしたことが悪いとは思うていぬ。せねば、餓死(がし)をするのじゃて、しかたがなくしたことであろ。されば、今また、わしのしていたことも悪いこととは思わぬぞよ。これとてもやはりせねば、餓死をするじゃて、しかたがなくすることじゃわいの。じゃて、そのしかたがないことを、よく知っていたこの女は、大方(おおかた)わしのすることも大目(おおめ)に見てくれるであろ。」

□何ぼう 어느 정도, 얼마, 얼마나 □わし 나, 이 사람(江戸 시대에는 여성이 가까운 사람과의 대화에서 썼지만, 현재는 나이든 남성이 손아랫사람에게 씀) □蛇 뱀 □干し魚 말린 생선, 건어물 □太刀帯 중고 시대에 칼을 차고 궁궐을 호위하던 관리들의 대기소 □往ぬ (문어 · 방언) 가다, 떠나다 □疫病にかかる 역병에 걸리다 □欠かさず 거르지 않고, 빠뜨리지 않고 □菜料 반찬거리 □されば 그러니까 □大方 대충, 대개, 거의, 아마 =ほとんど, およそ, おそらく □大目に見る (부족한 점이 있어도) 너그러이 봐주다

老婆は、だいたいこんな意味(いみ)のことを言った。

下人は、太刀(たち)を鞘(さや)に納(おさ)めて、その太刀の柄(つか)を左の手で押(お)さえながら、冷然(れいぜん)として、この話を聞いていた。もちろん、右の手では、赤く頬(ほお)にうみを持った大きなにきびを気にしながら、聞いているのである。しかし、これを聞いているうちに、下人の心には、ある勇気が生(う)まれてきた。それは、さっき門の下で、この男には欠(か)けていた勇気である。そうして、またさっきこの門の上へ上(あ)がって、この老婆を捕(と)らえた時の勇気とは、全然(ぜんぜん)、反対(はんたい)な方向(ほうこう)に動こうとする勇気である。下人は、餓死をするか盗人になるかに、迷(まよ)わなかったばかりではない。その時のこの男の心持(こころも)ちから言えば、餓死などということは、ほとんど、考えることさえできないほど、意識(いしき)の外(そと)に追(お)い出(だ)されていた。

□納める 넣다, 담다　□柄 (칼이나 활의) 손잡이, 칼자루　□冷然 냉연, 냉담　□勇気 용기　□捕らえる 잡다, 붙잡다　□迷う 길을 잃다, 갈피를 못잡다, 망설이다　□追い出す 내쫓다, 몰아내다 ＝追い払(はら)う

「きっと、そうか。」

老婆の話が終(お)わると、下人はあざけるような声で念(ねん)を押(お)した。そうして、一足前(ひとあしまえ)へ出ると、不意(ふい)に右の手をにきびから離(はな)して、老婆の襟上(えりがみ)をつかみながら、かみつくようにこう言った。

「では、おれが引剝(ひはぎ)をしようと恨(うら)むまいな。おれもそうしなければ、餓死をする体なのだ。」

下人は、素早(すばや)く、老婆の着物をはぎ取(と)った。それから、足にしがみつこうとする老婆を、手荒(てあら)く死骸の上へ蹴倒(けたお)した。はしごの口までは、わずかに五歩(ごほ)を数(かぞ)えるばかりである。下人は、はぎ取った檜皮色(ひわだいろ)の着物をわきに抱(かか)えて、またたく間(ま)に急なはしごを夜の底(そこ)へ駆(か)け下(お)りた。

□あざける 조소하다, 비웃다 □念を押す 잘못이 없도록 주의시키다, 다짐하다, 확인하다 □不意に 갑자기, 별안간에, 느닷없이 〈汽車が不意に止まる 기차가 갑자기 서다〉 □襟上 뒷덜미 □かみつく 달려들어 물다, 물고 늘어지다 □引剝ぎ 노상강도 □恨む 원망하다, 앙심을 품다 □はぎ取る 벗겨내다, 떼어내다 □しがみつく 달라붙다, 매달리다 〈子供が母親の手にしがみつく 아이가 엄마 손에 꼭 매달리다〉 □手荒い (취급하는 것이) 거칠다(난폭하다) 〈容疑者を手荒く取り扱う 용의자를 거칠게 다루다〉 □蹴倒す 차서 넘어뜨리다 □わきに抱える 겨드랑이에 끼다 □またたく間に 순식간에, 눈 깜짝할 사이에 〈またたく間に時間がたつ 눈 깜짝할 사이에 시간이 지나다〉 □駆け下りる 뛰어내리다

しばらく、死んだように倒(たお)れていた老婆が、死骸の中から、その裸(はだか)の体を起(お)こしたのは、それから間(ま)もなくのことである。老婆はつぶやくような、うめくような声を立(た)てながら、まだ燃(も)えている火の光を頼(たよ)りに、はしごの口まで、這(は)っていった。そうして、そこから、短い白髪を逆(さか)さまにして、門の下をのぞき込(こ)んだ。外には、ただ、黒洞々(こくとうとう)たる夜があるばかりである。

下人の行方(ゆくえ)は、誰も知らない。

□**間もなく** 머지 않아, 얼마 안 되어 □**うめく** 신음하다, 끙끙거리다 □**頼り** 의지함, 믿고 의지하는 (사람, 물건) □**逆さま** 거꾸로 됨, 반대로 됨 〈上下が逆さまに見える鏡 상하가 거꾸로 보이는 거울〉 □**黒洞々たる** 깊은 동굴과 같이 깜깜한 □**行方** 행방 〈行方不明(ゆくえふめい) 행방불명〉

蜘蛛(くも)の糸(いと)

一

ある日のことでございます。お釈迦様(しゃかさま)は極楽(ごくらく)の蓮池(はすいけ)のふちを、一人でぶらぶらお歩(ある)きになっていらっしゃいました。池(いけ)の中(なか)に咲(さ)いている蓮(はす)の花(はな)は、みんな玉(たま)のように真(ま)っ白(しろ)で、その真(ま)ん中(なか)にある金色(きんいろ)のずいからは、何(なん)とも言えないよい匂(にお)いが、絶(た)え間(ま)なく辺(あた)りへあふれております。極楽はちょうど朝なのでございましょう。

□蜘蛛 거미 □お釈迦さま 부처님, 석가모니 □極楽 극락 □蓮池 연못, 연지 □ふち 가장자리, 테두리 □ぶらぶら 어슬렁어슬렁 □蓮 연, 연꽃 □ずい 꽃술 □絶え間ない 끊임없다 〈雨が絶え間なく降る 비가 끊임없이 내리다〉 □あふれる 흘러 넘치다

やがてお釈迦様はその池のふちにお佇(たたず)みになって、水(みず)の面(おもて)を覆(おお)っている蓮(はす)の葉(は)の間(あいだ)から、ふと下の様子(ようす)をご覧(らん)になりました。この極楽の蓮池の下は、ちょうど地獄(じごく)の底(そこ)に当(あ)たっておりますから、水晶(すいしょう)のような水(みず)を透(す)き通(とお)して、三途(さんず)の河(かわ)や針(はり)の山(やま)の景色(けしき)が、ちょうどのぞき眼鏡(めがね)を見(み)るように、はっきりと見(み)えるのでございます。

するとその地獄の底に、犍陀多(かんだた)という男(おとこ)が一人、ほかの罪人(ざいにん)といっしょにうごめいている姿(すがた)が、お目(め)に止(と)まりました。この犍陀多という男は、人を殺(ころ)したり家(いえ)に火(ひ)をつけたり、いろいろ悪事(あくじ)を働(はたら)いた大泥棒(おおどろぼう)でございますが、それでもたった一つ、よいことをいたした覚(おぼ)えがございます。と申(もう)しますのは、ある時この男が深(ふか)い林(はやし)の中(なか)を通(とお)りますと、小さな蜘蛛(くも)が一匹(いっぴき)、道端(みちばた)を這(は)って行くのが見えました。そこで犍陀多は

□地獄 지옥 □底 바닥 □やがて 얼마 안 있어, 이윽고 □水晶 수정 □透き通る 비쳐 보이다, 투명하다 〈字が透き通って見える紙 글씨가 비쳐 보이는 종이〉 □三途の河 삼도천 : 불교에서 말하는 사후의 세계로 갈 때 건너는 강 □針の山 지옥에 있다는 바늘이 무수히 꽂혀 있는 산 □のぞき眼鏡 요지경 □うごめく 꿈실거리다, 꿈틀거리다 〈社会のどん底(ぞこ)でうごめく人々 사회의 밑바닥에서 꿈틀거리는 사람들〉 □目に止まる 눈에 띄다 □殺す 죽이다, 살해하다 □悪事を働く 나쁜 짓을 저지르다

早速足を挙げて、踏み殺そうといたしましたが、「いや、いや、これも小さいながら、命のあるものにちがいない。その命をむやみにとるということは、いくら何でもかわいそうだ。」と、こう急に思い返して、とうとうその蜘蛛を殺さずに助けてやったからでございます。

お釈迦様は地獄の様子をご覧になりながら、この犍陀多には蜘蛛を助けたことがあるのをお思い出しになりました。そうしてそれだけのよいことをした報いには、できるなら、この男を地獄から救い出してやろうとお考えになりました。幸い、そばを見ますと、翡翠のような色をした蓮の葉の上に、極楽の蜘蛛が一匹、美しい銀色の糸をかけております。お釈迦様はその蜘蛛の糸をそっとお手にお取りになって、玉のような白蓮の間から、遥か下にある地獄の底へ、まっすぐにそれをお下ろしなさいました。

□**早速** 즉시, 당장 〈＝すぐ, 早速申し込んでおこう 당장 신청해 두자〉 □**踏み殺す** 밟아 죽이다 □**命** 목숨, 생명 □**むやみに** 앞뒤를 생각하지 않고 (함부로, 무턱대고, 마구) 하는 모양 〈むやみに金を使う 돈을 마구 쓰다〉 □**思い返す** (지난 일, 결정한 일을) 다시 생각하다, 고처 생각하다 〈行こうとしたが、思い返してやめた 가려다가 다시 생각하고 그만두었다〉 □**報い** 응보, 보답 □**救い出す** 구해내다, 구출하다 □**翡翠** 비취 □**遥か** 아득하게 먼 모양, 아득히

二

こちらは地獄の底の血(ち)の池(いけ)で、ほかの罪人(ざいにん)といっしょに、浮(う)いたり沈(しず)んだりしていた犍陀多でございます。何(なに)しろどちらを見ても、真(ま)っ暗(くら)で、たまにその暗闇(くらやみ)からぼんやり浮(う)き上(あ)がっているものがあると思いますと、それは恐(おそろ)しい針の山の針が光(ひか)るのでございますから、その心細(こころぼそ)さといったらございません。その上辺(うえあた)りは墓(はか)の中(なか)のようにしんと静(しず)まり返(かえ)って、たまに聞(き)こえるものといっては、ただ罪人がつくかすかなため息(いき)ばかりでございます。これはここへ落(お)ちてくるほどの人間(にんげん)は、もうさまざまな地獄の責(せ)め苦(く)に疲(つか)れ果(は)てて、泣(な)き声(ごえ)を出す力(ちから)さえなくなっているのでございましょう。ですからさすが大泥棒(おおどろぼう)の犍陀多も、やはり血の池の血にむせびながら、まるで死にかかった蛙(かわず)のように、ただもがいてばかりおりました。

□**血の池** 지옥에 있는 연못으로 인간의 피로 가득 차 있다고 함. 극악한 죄인은 여러 가지의 고통을 받은 후 여기에 떨어진다고 함 □**浮く** 뜨다, 떠오르다 □**何しろ** 어쨌든, 여하튼 □**暗闇** 어둠, 어두운 곳 ■**～といったらない** 너무 ~하다 〈高いといったらない 너무 비싸다〉 □**墓** 무덤, 묘 □**しんと** 소리 하나 없이 대단히 조용한 모양, 괴괴히, 잠잠히 〈しんとした部屋 조용한 방〉 □**静まり返る** 아주 조용해지다 □**たまに** 가끔, 모처럼 〈たまにはいいことを言うね 때로는 좋은 말도 하는군〉 □**責め苦** 심한 괴로움, 모진 고문, 시련 □**疲れ果てる** 몹시 지치다, 지칠대로 지치다 □**むせぶ** 목이 메다, 목메어 울다, 흐느껴 울다 〈煙にむせて咳(せき)が出た 연기에 목이 메어 기침이 나왔다〉 □**蛙** 개구리 〈かえる의 예스러운 말〉

　ところがある時のことでございます。なにげなく犍陀多が頭(あたま)を挙(あ)げて、血の池の空(そら)を眺(なが)めますと、そのひっそりとした闇(やみ)の中を、遠い遠い天上(てんじょう)から、銀色の蜘蛛の糸が、まるで人目(ひとめ)にかかるのを恐(おそ)れるように、一(ひと)すじ細(ほそ)く光りながら、するすると自分(じぶん)の上(うえ)へ垂(た)れて参(まい)るのではございませんか。犍陀多はこれを見ると、思わず手を打(う)って喜(よろこ)びました。この糸にすがりついて、どこまでも登(のぼ)ってゆけば、きっと地獄から抜け出せるのに相違(そうい)ございません。いや、うまくゆくと、極楽(ごくらく)へ入(はい)ることさえもできましょう。そうすれば、もう針の山へ追(お)い上(あ)げられることもなくなれば、血の池に沈(しず)められることもあるはずはございません。

□ひっそり 죽은 듯이 조용하고 쓸쓸한 모양, 조용히, 고요히 〈ひっそりと静まり返った街 쥐 죽은 듯이 조용한 거리〉 □すじ 가닥, 줄기 □するすると 스르르, 주르르 □垂れる 드리워지다, 늘어지다 □思わず 무의식 중에, 엉겁결에, 무심코 그만 □喜ぶ 기뻐하다 □すがりつく 달라붙다, 매달리다 □抜け出す 빠져 나가다, 살짝 도망치다 ■～に相違ない (동사 보통형 · 명사에 붙어) ~에 틀림없다 〈記載(きさい)の事項(じこう)は、事実(じじつ)に相違ありません 기재 사항은 사실임에 틀림없습니다〉 □追い上げる 바짝 뒤쫓다, 몰아치다, 위로 몰다

　こう思いましたから犍陀多は、早速その蜘蛛の糸を両手(りょうて)でしっかりとつかみながら、一生懸命(いっしょうけんめい)に上へ上へとたぐり登(のぼ)り始(はじ)めました。もとより大泥棒のことでございますから、こういうことには昔(むかし)から、慣(な)れ切(き)っているのでございます。

　しかし地獄と極楽との間(あいだ)は、何万里(なんまんり)となくございますから、いくら焦(あせ)ってみたところで、容易(ようい)に上(うえ)へは出られません。ややしばらく登(のぼ)るうちに、とうとう犍陀多もくたびれて、もう一(ひと)たぐりも上の方へは登れなくなってしまいました。そこでしかたがございませんから、まず一休(ひとやす)み休むつもりで、糸の中途(ちゅうと)にぶら下(さ)がりながら、遥(はる)かに目の下を見下(みお)ろしました。

　すると、一生懸命に登(のぼ)ったかいがあって、さっきまで自分(じぶん)がいた血の池は、今ではもう闇(やみ)の底(そこ)にいつの間(ま)にか隠(かく)れております。それからあのぼんやり光っている恐ろしい針の山も、足の下になってしまいました。この分(ぶん)で登ってゆけば、

□しっかり 견고한 모양, 단단히, 꼭, 꽉 □たぐり登る (양손으로 번갈아) 끌어당기며 올라가다 □慣れ切る 완전히 익숙해지다, 숙달되다 □～里 ~리 〈거리를 나타내는 단위로, 1里는 약 4km임〉 □焦る 안달하다, 초조하게 굴다 ■～たところで ~해 보았자 〈急いだところで、集合(しゅうごう)時間には間に合わない 서둘러 봤자 집합시간에는 못 맞춘다〉 □容易に 용이하게, 쉽게 □くだびれる 지치다, 피로하다 〈長旅(ながたび)をしてすっかりくだびれた 긴 여행으로 완전히 지쳤다〉 ■～つもりで (동사 기본형에 붙어) ~할 생각으로, ~할 뜻으로 〈胸を借りるつもりでがんばりたい 한수 배운다는 생각으로 열심히 하고 싶다〉 □かいがある 보람(효과)이 있다 □隠れる 숨다, 가려져 보이지 않게 되다 □この分で 이와 같은 식으로, 이런 상태로

地獄からぬけ出すのも、存外(ぞんがい)わけがないかもしれません。犍陀多は両手を蜘蛛の糸にからみながら、ここへ来てから何年(なんねん)にも出したことのない声(こえ)で、「しめた。しめた。」と笑(わら)いました。ところがふと気(き)がつきますと、蜘蛛の糸の下の方(ほう)には、数(かず)かぎりもない罪人たちが、自分の登った後(あと)をつけて、まるでありの行列(ぎょうれつ)のように、やはり上へ上へ一心(いっしん)によじ登ってくるではございませんか。犍陀多はこれを見ると、驚(おどろ)いたのと恐ろしいのとで、しばらくはただ、ばかのように大きな口を開(あ)いたまま、目ばかり動(うご)かしておりました。自分一人でさえ切(き)れそうな、この細(ほそ)い蜘蛛の糸が、どうしてあれだけの人数(にんずう)の重(おも)みに堪(た)えることができましょう。もし万一(まんいち)途中(とちゅう)で切れたといたしましたら、せっかくここへまで登ってきたこの肝心(かんじん)な自分までも、もとの地獄へ逆落(さかお)としに落ちてしまわなければなりません。そんなことがあったら、大変(たいへん)でございます。

□**わけがない** 쉽다, 간단하다, 대수롭지 않다　□**からむ** 휘감기다, 얽히다, 얽매이다　□**しめた** 일이 잘 진척되어 기쁠 때 내는 말〈しめた、うまい方法を考えついた 잘됐다, 좋은 방법을 생각해 냈다〉　□**数かぎりない** 셀 수 없다, 수없이 많다　□**後をつける** 뒤따르다　□**あり** 개미　□**一心に** 한가지 일에 마음을 집중함, 열심히〈一心に本を読む 열심히 책을 읽는다〉　□**よじ登る** (나무 등을 잡으며) 기어오르다　□**堪える** 참다, 견디다　□**万一** 만일　□**せっかく** 모처럼, 애써서〈せっかくの好意を無にする 모처럼의 호의를 저버리다〉　□**肝心** (가장) 긴요함, 중요함〈肝心な事柄(ことがら)を忘れる 가장 중요한 일을 잊어버리다〉　□**逆落とし** 거꾸로 떨어뜨림

が、そういううちにも、罪人たちは何百(なんびゃく)となく何千(なんぜん)となく、真(ま)っ暗(くら)な血の池の底から、うようよと這(は)い上(あ)がって、細く光っている蜘蛛の糸を、一列(いちれつ)になりながら、せっせと登ってまいります。今のうちにどうかしなければ、糸は真ん中から二つに切れて、落ちてしまうのにちがいありません。

そこで犍陀多は大きな声をだして、「こら、罪人ども。この蜘蛛の糸はおれのものだぞ。お前(まえ)たちは一体(いったい)誰(だれ)にきいて、登ってきた。下(お)りろ。下りろ。」とわめきました。

そのとたんでございます。今まで何(なん)ともなかった蜘蛛の糸が、急に犍陀多のぶら下(さ)がっているところから、ぷつりと音(おと)を立(た)てて切れました。ですから、犍陀多もたまりません。

あっという間(ま)もなく風を切って、こまのようにくるくる回(まわ)りながら、みるみるうちに闇の底へ、真(ま)っ逆様(さかさま)に落(お)ちてしまいました。

後(あと)にはただ極楽の蜘蛛の糸が、きらきらと細(ほそ)く光りながら、月(つき)も星(ほし)もない空(そら)の中途(ちゅうと)に、短く垂(た)れているばかりでございます。

□うようよ 작은 벌레 같은 것이 많이 모여 움직이는 모양, 우글우글 〈うじがうようよしている 구더기가 우글거리고 있다〉 □せっせと 열심히, 부지런히 〈若いうちにせっせと稼ぐ 젊었을 때 부지런히 벌다〉 □今のうち 지금 당장, 지금 바로 □わめく 큰소리로 외치다, 크게 떠들다 □ぷつり 실 따위가 끊어지는 소리(모양), 툭 =ぷっつり □こま 팽이 □くるくる 뱅글뱅글 □真っ逆様に落ちる 곤두박이치다 □きらきら(と) 반짝반짝

三

お釈迦様は極楽の蓮池(はすいけ)のふちに立って、この一部始終(いちぶしじゅう)をじっと見ていらっしゃいましたが、やがて犍陀多が血の池の底へ石(いし)のように沈(しず)んでしまいますと、悲(かな)しそうなお顔(かお)をなさりながら、またぶらぶらお歩きになりはじめました。自分ばかり地獄から抜け出そうとする、犍陀多の無慈悲(むじひ)な心(こころ)が、そうしてその心相当(こころそうとう)な罰(ばち)を受(う)けて、もとの地獄へ落ちてしまったのが、お釈迦様のお目から見ると、あさましくおぼしめされたのでございましょう。

□**一部始終** 자초지종, 처음부터 끝까지 모두 □**無慈悲** 무자비 □**相当** 상당, 걸맞음, 어울림 □**罰を受ける** 벌을 받다 □**あさましい** 한심스럽다, 딱하다, 비참하다, 볼꼴사납다 □**おぼしめす** 생각하시다 〈思う의 높임말〉

しかし極楽の蓮池の蓮は、少(すこ)しもそんなことには頓着(とんじゃく)いたしません。その玉のような白い花は、お釈迦様のおみ足の周(まわ)りに、ゆらゆら萼(うてな)を動かして、その真ん中にある金色のずいからは、何とも言えないよい匂いが、絶(た)え間(ま)なく辺(あた)りへあふれております。極楽ももう昼(ひる)に近(ちか)くなったのでございましょう。

□**頓着** 개의, 괘념, 신경을 씀 〈お金に頓着しない人 돈에 괘념치 않는 사람〉 □**おみ足** 발 〈足의 높임말〉
□**ゆらゆら** 가벼운 것이 천천히 흔들리는 모양, 한들한들, 흔들흔들 □**萼** 꽃받침

杜子春

一

ある春の日暮れです。

唐の都洛陽の西の門の下に、ぼんやり空を仰いでいる、一人の若者がありました。

若者は名は杜子春といって、もとは金持ちの息子でしたが、今は財産をつかいつくして、その日の暮らしにも困るくらい、哀れな身分になっているのです。

□**杜子春** 두자춘〈중국 당나라의 신선소설『杜子春伝』의 주인공〉 □**日暮れ** 저녁때, 해질 무렵 ＝夕方, 夕暮れ □**唐** 중국 당나라 □**都** 수도 □**洛陽** 낙양〈중국 하남성 북부에 위치한 도시〉 □**仰ぐ** 우러러보다, (얼굴을) 치켜들다, 위를 보다 □**～つくす** (동사 ます형에 붙어) 끝까지 ~하다, 다 ~하여 버리다, ~해 치우다〈本質を知りつくした 본질을 다 알아차렸다〉 □**哀れ** 불쌍함, 가련함 □**身分** 신분

何(なに)しろそのころ洛陽といえば、天下(てんか)に並(なら)ぶもののない、繁盛(はんじょう)をきわめた都(みやこ)ですから、往来(おうらい)にはまだしっきりなく、人や車(くるま)が通(とお)っていました。門いっぱいに当(あ)たっている、油(あぶら)のような夕日(ゆうひ)の光の中に、老人(ろうじん)のかぶった紗(しゃ)の帽子(ぼうし)や、トルコの女(おんな)の金(きん)の耳環(みみわ)や、白馬(しろうま)に飾(かざ)った色糸(いろいと)の手綱(たづな)が、絶(た)えず流(なが)れてゆく様子(ようす)は、まるで絵(え)のような美(うつく)しさです。

しかし杜子春は相変(あいか)わらず、門の壁(かべ)に身(み)をもたせて、ぼんやり空ばかり眺(なが)めていました。空には、もう細(ほそ)い月(つき)が、うらうらとなびいた霞(かすみ)の中(なか)に、まるで爪(つめ)のあとかと思うほど、かすかに白く浮(うか)んでいるのです。

「日は暮れるし、腹(はら)は減(へ)るし、その上(うえ)もうどこへ行っても、泊(と)めてくれる所(ところ)はなさそうだし——こんな思いをして生(い)きているくらいなら、いっそ川(かわ)へでも身(み)を投(な)げて、死(し)んでしまったほうがましかもしれない。」

□並ぶもの(が)ない 견줄 자가 없다, 필적할 자가 없다 □繁盛 번성 □きわめる 극한에 이르다, 극도로 ~하다 □往来 거리 □しっきりなく 끊임없이, 줄곧 □紗 능직 비단 □トルコ 터키 □耳環 귀고리 □手綱 말 고삐 □相変わらず 변함없이, 여전히 □もたせる 기대다, 기대어 세우다 □うらうら(と) 햇빛이 밝고 화창한 모양 =うららか □なびく (바람이나 물의 흐름에 따라 초목 등이) 옆으로 휘어지다, 나부끼다 □霞 안개 특히 봄안개, 〈고어〉 노을 □いっそ 도리어, 차라리 □まし (그 편이) 더 나음, 더 좋음 〈こんなものなら、ない方がましだ 이런 것이라면 없는 편이 낫다〉

杜子春は一人さっきから、こんな取(と)りとめもないことを思いめぐらしていたのです。

するとどこからやって来(き)たか、突然彼(とつぜんかれ)の前(まえ)へ足(あし)を止(と)めた、片目(かため)すがめの老人があります。それが夕日の光を浴(あ)びて、大きな影(かげ)を門へ落(お)とすと、じっと杜子春の顔を見ながら、

「お前(まえ)は何(なに)を考えているのだ。」と、横柄(おうへい)に言葉(ことば)をかけました。

「私ですか。私は今夜(こんや)寝(ね)る所(ところ)もないので、どうしたものかと考えているのです。」

老人の尋(たず)ね方(かた)が急(きゅう)でしたから、杜子春はさすがに目を伏(ふ)せて、思わず正直(しょうじき)な答(こた)えをしました。

「そうか。それはかわいそうだな。」

老人はしばらく何ごとか考えているようでしたが、やがて、

□**思いめぐらす** (과거와 미래에 대해) 여러모로 생각하다, 곰곰이 생각하다 □**片目すがめ** 사시, 사팔눈 □**影** 그림자 □**横柄** 건방짐, 거만함 〈権力(けんりょく)は彼を横柄にさせてしまったようだ 권력은 그를 거만하게 만들어 버린 것 같다〉 □**言葉をかける** 말을 걸다 □**さすがに** 과연, 역시 □**目を伏せる** 눈을 내리뜨다

往来(おうらい)にさしている夕日の光を指(ゆび)さしながら、

「ではおれがいいことを一つ教えてやろう。今この夕日の中(なか)に立って、お前の影(かげ)が地(ち)に映(うつ)ったら、その頭(あたま)に当(あ)たる所を夜中(よなか)に掘(ほ)ってみるがいい。きっと車にいっぱいの黄金(おうごん)が埋(う)まっているはずだから。」

「ほんとうですか。」

杜子春は驚(おどろ)いて、伏(ふ)せていた目をあげました。ところがさらに不思議(ふしぎ)なことには、あの老人はどこへ行ったか、もう辺(あた)りにはそれらしい、影も形(かたち)も見当(みあ)たりません。その代(か)わり空の月の色(いろ)は前よりもなお白くなって、休(やす)みない往来の人通(ひとどお)りの上には、もう気(き)の早(はや)いこうもりが二(に)、三匹(さんびき)ひらひら舞(ま)っていました。

□ 指さす (손가락으로) 가리키다　□ 映る 비치다　□ 掘る 파다, 캐다　□ 埋まる 묻히다, 꽉 차다　□ さらに 그 위에, 더욱더 〈雨がさらにはげしく降ってきた 비가 더욱 세차게 내렸다〉 □ なお 더욱, 한층　□ 人通り 사람의 왕래　□ 気が早い 성미가 급하다　□ こうもり 박쥐　□ ひらひら 가볍고 얇은 것이 바람에 나부끼는 모양, 팔랑팔랑, 펄럭펄럭 〈ひらひらと桜が散る 벚꽃이 팔랑팔랑 떨어지다〉 □ 舞う (하늘을) 빙빙 돌다, 날다, 흩날리다

二

杜子春は一日(いちにち)のうちに、洛陽(らくよう)の都(みやこ)でもただ一人という大金(おおがね)持(も)ちになりました。あの老人の言葉通(どお)り、夕日に影(かげ)を映(うつ)してみて、その頭に当(あ)たる所(ところ)を、夜中にそっと掘(ほ)ってみたら、大きな車にも余(あま)るくらい、黄金(おうごん)が一山(ひとやま)出てきたのです。

大金持ちになった杜子春(とししゅん)は、すぐに立派(りっぱ)な家(うち)を買(か)って、玄宗皇帝(げんそうこうてい)にも負(ま)けないくらい、ぜいたくな暮(く)らしをし始(はじ)めました。蘭陵(らんりょう)のお酒(さけ)を買(か)わせるやら、桂州(けいしゅう)の竜眼肉(りゅうがんにく)を取(と)り寄(よ)せるやら、日(ひ)に四度色(よたびいろ)の変(か)わる牡丹(ぼたん)を庭(にわ)に植(う)えさせるやら、白(しろ)くじゃくを何羽(なんば)も放(はな)し飼(が)いにするやら、玉(ぎょく)を集(あつ)めるやら、錦(にしき)を縫(ぬ)わせるやら、香木(こうぼく)の車を造(つく)らせるやら、象牙(ぞうげ)の椅子(いす)をあつらえるやら、そのぜいたくを一々(いちいち)書いていては、いつになってもこの話(はなし)がおしまいにならないくらいです。

□～山 ~무더기 □玄宗皇帝 현종 황제 〈당나라 제6대 왕〉 □蘭陵 난릉 〈현재 중국 산동성 부근으로, 술 산지로 유명함〉 □～やら ~와 ~와, ~며 ~며 〈병렬 · 열거를 나타냄〉 □桂州 중국 광서성에 있는 계림의 옛 지명 □竜眼肉 용안육 〈용안의 열매를 말린 것으로 단맛이 나며, 한방에서 심신불안과 불면증 등에 약으로 씀〉 □取り寄せる 가까이 끌어당기다, (주문하거나 말하여) 가져오게 하다 〈海外から取り寄せたワイン 외국에서 주문한 와인〉 □牡丹 모란 □植える 심다 □白くじゃく 흰 공작 □放し飼い 놓아 기름, 방목 □錦 고급 비단 □縫う 꿰메다, 바느질하다 □香木 향나무 □象牙 상아 □あつらえる 주문하다, 맞추다

するとこういう噂(うわさ)を聞いて、今(いま)までは道(みち)で行(ゆ)き合(あ)っても、挨拶(あいさつ)さえしなかった友達(ともだち)などが、朝夕(あさゆう)遊(あ)びにやって来(き)ました。それも一日(いちにち)ごとに数(かず)が増(ま)して、半年(はんとし)ばかり経(た)つうちには、洛陽(らくよう)の都(みやこ)に名(な)を知(し)られた才子(さいし)や美人(びじん)が多(おお)い中(なか)で、杜子春の家(うち)へ来ない者(もの)は、一人もないくらいになってしまったのです。杜子春はこのお客(きゃく)たちを相手(あいて)に、毎日酒盛(まいにちさかも)りを開(ひら)きました。その酒盛りのまた盛(さか)んなことは、なかなか口(くち)にはつくされません。ごくかいつまんだだけをお話ししても、杜子春が金(きん)の杯(さかずき)に西洋(せいよう)から来たぶどう酒(しゅ)をくんで、天竺生(てんじくう)まれの魔法使(まほうつか)いが刀(かたな)をのんで見(み)せる芸(げい)に見取(みと)れていると、その周(まわ)りには二十人の女たちが、十人は翡翠(ひすい)の蓮(はす)の花(はな)を、十人はめのうの牡丹(ぼたん)の花を、いずれも髪(かみ)に飾(かざ)りながら、笛(ふえ)や琴(こと)を節面白(ふしおもしろ)く奏(そう)しているという景色(けしき)なのです。

□行き合う 우연히 마주치다, 가다가 만나다 □才子 재주가 뛰어난 남자, 재사 □酒盛りを開く 술잔치(주연)를 벌이다 〈お祝(いわい)の酒盛りをする 축하 주연을 베풀다〉 □盛ん 번성함, 번창함, 열렬함, 유행함 □口にはつくされない 말로써는 다 할 수 없다 □ごく 극히 □かいつまむ (요점만) 간추리다, 요약하다 〈要点(ようてん)をかいつまんで話す 요점을 간추려서 이야기하다〉 □杯 술잔 □くむ (술 따위를 그릇에) 따르다 □天竺 천축 〈인도의 옛 이름〉 □魔法使い 마법사 □芸 예능, 기예 □見取れる 정신없이 보다, 넋을 잃고 보다 〈あまりの美しさに見取れる 너무나 아름다워 넋을 잃고 보다〉 □めのう 마노 □笛 피리 □琴 거문고 □節 선율, 가락 □奏する 연주하다

　しかしいくら大金持ちでも、お金には際限(さいげん)がありますから、さすがにぜいたくやの杜子春も、一年二年と経つうちには、だんだん貧乏(びんぼう)になり出(だ)しました。そうすると人間(にんげん)は薄情(はくじょう)なもので、昨日(きのう)までは毎日来た友達も、今日は門の前(まえ)を通(とお)ってさえ、挨拶一(あいさつひと)つして行(ゆ)きません。ましてとうとう三年目(さんねんめ)の春(はる)、また杜子春が以前(いぜん)の通(とお)り、一文無(いちもんな)しになってみると、広(ひろ)い洛陽(らくよう)の都(みやこ)の中(なか)にも、彼に宿(やど)を貸(か)そうという家(うち)は、一軒(いっけん)もなくなってしまいました。いや、宿を貸すどころか、今では椀(わん)に一杯(いっぱい)の水(みず)も、恵(めぐ)んでくれる者はないのです。

　そこで彼はある日の夕方(ゆうがた)、もう一度(いちど)あの洛陽の西の門の下へ行って、ぼんやり空を眺(なが)めながら、途方(とほう)に暮(く)れて立っていました。するとやはり昔(むかし)のように、片目(かため)すがめの老人が、どこからか姿(すがた)を現(あらわ)して、

□**薄情** 야박함, 인정이 없음　□**一文無し** 무일푼, 빈털터리 =すってんてん　□**宿** 숙소　■**～どころか** (동사 · い형용사 기본형, な형용사な, 명사에 붙어) ~하기는커녕 〈結婚どころか彼女さえいない 결혼은커녕 여자친구조차 없다〉　□**恵む** 은혜를 베풀다, 인정을 베풀다　□**現す** (모습을) 나타내다, 드러내다

「お前は何を考えているのだ。」と、声をかけるではありませんか。

杜子春は老人の顔を見ると、恥しそうに下を向いたまま、しばらくは返事もしませんでした。が、老人はその日も親切そうに、同じ言葉を繰り返しますから、こちらも前と同じように、

「私は今夜寝る所もないので、どうしたものかと考えているのです。」と、恐る恐る返事をしました。

□**繰り返す** 반복하다, 되풀이하다

「そうか。それはかわいそうだな。ではおれがいいことを一つ教えてやろう。今この夕日の中へ立って、お前の影が地に映(うつ)ったら、その胸(むね)に当(あ)たる所を、夜中(よなか)に掘(ほ)ってみるがいい。きっと車にいっぱいの黄金が埋まっているはずだから。」

老人はこう言ったと思うと、今度(こんど)もまた人(ひと)ごみの中へ、かき消(け)すように隠(かく)れてしまいました。

杜子春はその翌日(よくじつ)から、たちまち天下第一(てんかだいいち)の大金持ちに返(かえ)りました。と同時(どうじ)に相変(あいか)わらず、し放題(ほうだい)なぜいたくをし始(はじ)めました。庭(にわ)に咲(さ)いている牡丹(ぼたん)の花(はな)、その中に眠(ねむ)っている白(しろ)くじゃく、それから刀(かたな)をのんで見(み)せる、天竺(てんじく)から来た魔法使(まほうつか)い——すべてが昔の通(とお)りなのです。

ですから車にいっぱいあった、あのおびただしい黄金(おうごん)も、また三年ばかり経つうちには、すっかりなくなってしまいました。

□ **人ごみ** 사람으로 붐빔, 혼잡 □ **かき消す** (써져 있던 것을) 완전히 지우다 〈消す(지우다)의 힘줌말〉 □ **~放題** (동사 ます형이나 조동사 たい에 붙어) 마음껏 함 〈彼は食べたい放題食べている 그는 먹고 싶은 만큼 실컷 먹고 있다〉 □ **おびただしい** 엄청나다, (수량이) 매우 많다

三

「お前は何を考えているのだ。」

片目(かため)すがめの老人は、三度(みたび)杜子春の前へ来て、同じことを問(と)いかけました。もちろん彼はその時も、洛陽の西の門の下に、ほそぼそと霞(かすみ)を破(やぶ)っている三日月(みかづき)の光を眺(なが)めながら、ぼんやり佇(たたず)んでいたのです。

「私ですか。私は今夜寝る所もないので、どうしようかと思っているのです。」

「そうか。それはかわいそうだな。ではおれがいいことを教えてやろう。今この夕日の中へ立って、お前の影が地に映ったら、その腹(はら)に当(あ)たる所を、夜中に掘ってみるがいい。きっと車にいっぱいの――。」

□**問いかける** 묻다, 질문을 던지다 □ **ほそぼそ** 아주 가느다란 모양, 또 가늘고 약한 모양 〈煙がほそぼそと立ちのぼる 연기가 가느다랗게 오르다〉 □**破る** 찢다, 깨다, 뚫다, (기록을) 갱신하다 □**三日月** 초승달

老人がここまで言(い)いかけると、杜子春は急(きゅう)に手を挙(あ)げて、その言葉を遮(さえぎ)りました。

「いや、お金はもう要(い)らないのです。」

「金はもう要らない? ははあ、ではぜいたくをするには、とうとう飽(あ)きてしまったと見えるな。」

老人はいぶかしそうな目(め)つきをしながら、じっと杜子春の顔を見(み)つめました。

「何、ぜいたくに飽きたのじゃありません。人間というものに愛想(あいそ)がつきたのです。」

杜子春は不平(ふへい)そうな顔をしながら、つっけんどんにこう言いました。

「それは面白(おもしろ)いな。どうしてまた人間に愛想がつきたのだ?」

□**言いかける** 말을 걸다(꺼내다), 말하다 말다 □**遮る** 가리다, (가로) 막다, 차단하다 〈発言(はつげん)をさえぎる 발언을 가로막다〉 □**飽きる** 질리다, 싫증나다 □**いぶかしい** 의심스럽다, 의아스럽다, 수상쩍다 ＝疑(うたが)わしい □**目つき** 눈빛, 눈초리 □**愛想がつきる** 정나미가 떨어지다 □**不平** 불평 □**つっけんどん** 퉁명스러운 모양, 무뚝뚝한 모양 ＝不愛想(ぶあいそう)

「人間はみな薄情(はくじょう)です。私が大金持ちになった時には、世辞(せじ)も追従(ついしょう)もしますけれど、いったん貧乏(びんぼう)になってご覧(らん)なさい。やさしい顔さえもして見せはしません。そんなことを考えると、たといもう一度大金持ちになったところが、何(なん)にもならないような気(き)がするのです。」

老人は杜子春の言葉を聞くと、急ににやにや笑(わら)い出(だ)しました。

「そうか。いや、お前は若い者に似合(にあ)わず、感心(かんしん)にもののわかる男(おとこ)だ。ではこれからは貧乏をしても、安(やす)らかに暮らして行(ゆ)くつもりか。」

杜子春はちょいとためらいました。が、すぐに思(おも)い切(き)った目を上(あ)げると、訴(うった)えるように老人の顔を見ながら、

□世辞 아첨, 입에 발린 말 □追従 아부, 아첨, 빌붙음〈ついじゅう로 발음할 때에는 추종이라는 뜻임〉 □たとい (뒤에 とも, ても, せよ 등을 동반하여) 설령・설사・가령・비록 ~하더라도〈たとい雪が降っても僕は行きます 설사 눈이 온다고 해도 저는 가겠습니다〉 □にやにや 히쭉히쭉, 싱글싱글 □似合う 어울리다, 잘 맞다 □感心 기특함, 신통함 □~つもり (동사 기본형・부정형에 붙어) ~할 작정(예정)임 □ちょいと 좀, 잠깐〈もうちょいと 조금만 더〉 □ためらう 주저하다, 망설이다 □思い切る 결심하다, 각오하다 □訴える 소송하다, 호소하다

「それも今の私にはできません。ですから私はあなたの弟子になって、仙術の修業をしたいと思うのです。いいえ、隠してはいけません。あなたは道徳の高い仙人でしょう。仙人でなければ、一夜のうちに私を天下第一の大金持ちにすることはできないはずです。どうか私の先生になって、不思議な仙術を教えてください。」

老人は眉をひそめたまま、しばらくは黙って、何ごとか考えているようでしたが、やがてまたにっこり笑いながら、

「いかにもおれは峨眉山にすんでいる、鉄冠子という仙人だ。初めお前の顔を見た時、どこか物分かりがよさそうだったから、二度まで大金持ちにしてやったのだが、それほど仙人になりたければ、おれの弟子に取り立ててやろう。」と、快く願いをいれてくれました。

□仙術 선술:신선의 술법 □修業 수행, 수업 □隠す 감추다, 숨기다 〈隠れる 숨다〉 □仙人 선인, 신선 □眉をひそめる 눈살을 찌푸리다 □いかにも 자못, 정말이지, 과연, 확실히 □峨眉山 아미산(어메이산) 〈중국 사천성 서남쪽에 있는 산으로 선인이 산다고 함〉 □物分かり 이해(력), 이해심 〈ものわかりが速い 이해가 빠르다〉 □取り立てる 발탁하다, 등용하다, 정수하다

杜子春は喜(よろこ)んだの、喜(よろこ)ばないのではありません。老人のことばがまだ終(お)わらないうちに、彼は大地(だいち)に額(ひたい)をつけて、何度も鉄冠子にお辞儀(じぎ)をしました。

「いや、そうお礼(れい)などは言ってもらうまい。いくらおれの弟子にしたところで、立派な仙人になれるかなれないかは、お前次第(しだい)で決(き)まることだからな。——が、ともかくもまずおれといっしょに、峨眉山(がびさん)の奥(おく)へ来てみるがいい。おお、幸(さいわ)い、ここに竹杖(たけづえ)が一本(いっぽん)落(お)ちている。では早速(さっそく)これへ乗(の)って、一飛(ひとと)びに空を渡(わた)るとしよう。」

鉄冠子はそこにあった青竹(あおだけ)を一本拾(ひろ)い上(あ)げると、口のうちに呪文(じゅもん)をとなえながら、杜子春といっしょにその竹(たけ)へ、馬(うま)にでも乗るようにまたがりました。すると不思議ではありませんか。竹杖はたちまち龍(りゅう)のように、勢(いきお)いよく大空(おおぞら)へ舞(ま)い上(あ)がって、晴(は)れ渡(わた)った春の夕空(ゆうぞら)を峨眉山の方角(ほうがく)へ飛んでゆきました。

□お辞儀をする 머리 숙여 절하다 □～次第 (명사에 붙어) ~나름임, ~에 달림 〈考え方次第で人生は変わる 사고방식에 따라 인생은 달라진다〉 □竹杖 대지팡이 □一飛びに 즉시, 단번에, 한번에 □拾い上げる 주어올리다 □呪文 주문 □となえる 소리 내어 읽다(외다) 〈念仏(ねんぶつ)をとなえる 염불을 소리 내어 외다〉 □またがる 두 다리를 벌리고 올라타다, 걸터타다 □龍 용 □舞い上がる 날아오르다 □晴れ渡る 활짝 개다 □方角 방위, 방향

杜子春は胆(きも)をつぶしながら、恐(おそ)る恐(おそ)る下を見下(みお)ろしました。が、下にはただ青い山々(やまやま)が夕明(ゆうあ)かりの底(そこ)に見えるばかりで、あの洛陽(らくよう)の都(みやこ)の西(にし)の門(もん)は、（とうに霞(かすみ)に紛(まぎ)れたのでしょう。）どこを探(さが)しても見当(みあ)たりません。そのうちに鉄冠子(てっかんし)は、白い鬢(びん)の毛(け)を風(かぜ)に吹(ふ)かせて、高(たか)らかに歌(うた)を歌(うた)い出(だ)しました。

朝(あした)に北海(ほっかい)に遊(あそ)び、暮(く)れには蒼梧(そうご)。
袖裏(しゅうり)の青蛇(せいだ)、胆気(たんき)粗(そ)なり。
三(み)たび缶陽(がくよう)に入(い)れども、人(ひと)識(し)らず。
朗吟(ろうぎん)して、飛過(ひか)す洞庭湖(どうていこ)。

□**胆** 간, 마음, 기력 〈=肝, 胆をつぶす 간 떨어지다, 대단히 놀라다〉 □**夕明かり** 저녁 어스름 □**紛れる** (뒤섞여) 헷갈리다, (비슷해서) 분간 못하다, 혼동되다 □**鬢の毛** 빈모, 살쩍 □**高らか** (목청, 소리 등이) 높은 모양 □**北海** 북해, 渤海(발해)를 가리킴 □**蒼梧** 중국 호남성 동남쪽에 있는 산 □**袖裏** 소매 안 □**胆気** 담력 □**粗** 거칠다 □**缶陽** 악양 〈중국 호남성 동정호 북동 연안에 있는 도시〉 □**朗吟** 낭음: 한시나 시조 따위에 음률을 넣어 소리 높여 읊음 □**洞庭湖** 중국 호남성 북부에 있는 큰 호수

四

二人を乗せた青竹(あおだけ)は、間(ま)もなく峨眉山(がびさん)へ舞(ま)い下(さ)がりました。

そこは深(ふか)い谷(たに)に臨(のぞ)んだ、幅(はば)の広い一枚岩(いちまいいわ)の上(うえ)でしたが、よくよく高い所だと見えて、中空(なかぞら)に垂(た)れた北斗(ほくと)の星(ほし)が、茶碗(ちゃわん)ほどの大きさに光(ひか)っていました。もとより人跡(じんせき)の絶(た)えた山(やま)ですから、辺(あた)りはしんと静(しず)まり返(かえ)って、やっと耳にはいるものは、後(うし)ろの絶壁(ぜっぺき)に生(は)えている、曲(ま)がりくねった一株(ひとかぶ)の松(まつ)が、こうこうと夜風(よかぜ)に鳴(な)る音(おと)だけです。

二人がこの岩(いわ)の上に来ると、鉄冠子は杜子春を絶壁の下に座(すわ)らせて、

□**舞い下がる** 내려오다 □**谷** 계곡 □**臨む** 면하다, 향하다, 직면하다 □**北斗** 북두칠성 〈北斗七星(ほくとしちせい)의 줄임말〉 □**人跡** 인적 □**絶える** 끊어지다 □**絶壁** 절벽 □**曲がりくねる** 꼬불꼬불 구부러지다 〈曲がりくねった山道 꼬부랑 산길〉 □**～株** ~그루, ~포기 □**こうこうと** 윙윙

「おれはこれから天上(てんじょう)へ行って、西王母(せいおうぼ)にお目(め)にかかってくるから、お前はその間(あいだ)ここに座って、おれの帰(かえ)るのを待(ま)っているがいい。多分(たぶん)おれがいなくなると、いろいろな魔性(ましょう)が現(あらわ)れて、お前をたぶらかそうとするだろうが、たといどんなことが起(お)ころうとも、決(けっ)して声(こえ)を出(だ)すのではないぞ。もし一言(ひとこと)でも口をきいたら、お前はとうてい仙人(せんにん)にはなれないものだと覚悟(かくご)をしろ。いいか、天地(てんち)が裂(さ)けても、黙(だま)っているのだぞ。」と言いました。

「大丈夫(だいじょうぶ)です。決して声なぞは出しはしません。命(いのち)がなくなっても、黙っています。」

「そうか。それを聞いて、おれも安心(あんしん)した。ではおれはいってくるから。」

□西王母 중국 신화에 나오는 여신 □魔性 마성 □たぶらかす 속이다, 어루꾀다 〈年寄りをたぶらかしてお金を稼(かせ)ぐ 노인을 속여 돈을 벌다〉 □口をきく 말을 하다 □とうてい (뒤에 부정 표현을 수반하여) 도저히, 아무리 하여도 〈今からじゃとうてい間にあわない 이제부터라면 도저히 시간에 대지 못한다〉 □覚悟 각오 □裂ける 찢어지다, 갈라지다

老人は杜子春に別(わか)れを告(つ)げると、またあの竹杖(たけづえ)にまたがって、夜目(よめ)にも削(けず)ったような山々の空へ、一文字(いちもんじ)に消(き)えてしまいました。

杜子春はたった一人、岩(いわ)の上に座ったまま、静(しず)かに星(ほし)を眺(なが)めていました。するとかれこれ半時(はんとき)ばかり経(た)って、深山(しんざん)の夜気(やき)が肌寒(はださむ)く薄(うす)い着物(きもの)に通(とお)り出(だ)したころ、突然空中(とつぜんくうちゅう)に声があって、

「そこにいるのは何者(なにもの)だ。」と、叱(しか)りつけるではありませんか。

しかし杜子春は仙人の教(おし)え通(どお)り、何(なん)とも返事(へんじ)をしずにいました。

ところがまたしばらくすると、やはり同じ声が響(ひび)いて、

「返事をしないと立(た)ちどころに、命はないものと覚悟しろ。」

と、いかめしくおどしつけるのです。

□**告げる** 고하다, 알리다 □**夜目** 밤눈, 어두운 밤에 봄 □**削る** 깎다, (날붙이로) 깎아내다 □**一文字** 한 일 자, 일자형, 한 글자 □**半時** 반 시, 옛날 하루를 12시간으로 나눈 한 시간의 반(지금의 한 시간), 짧은 시간 □**深山** 심산, 깊은 산 □**夜気** 밤의 찬 공기, 밤기운 □**肌寒い** 으스스 춥다, 쌀쌀하다 □**〜しずに** ~하지 않고 〈〜せずに의 방언〉 □**響く** 울리다, 울려 퍼지다 □**立ちどころに** 당장, 즉시, 이내, 곧 〈薬を飲むと立ちどころに痛みが消えた 약을 먹으니 당장 통증이 가셨다〉 □**いかめしい** 위엄이 있다, 위압감을 주다, 엄숙하다 □**おどしつける** 몹시 위협(협박)하다, 으르대다

杜子春はもちろん黙っていました。

と、どこから登(のぼ)ってきたか、らんらんと目を光らせた虎(とら)が一匹(いっぴき)、こつぜんと岩の上に躍(おど)り上(あ)がって、杜子春の姿(すがた)を睨(にら)みながら、一声高(ひとこえたか)くたけりました。のみならずそれと同時に、頭の上の松(まつ)の枝(えだ)が、はげしくざわざわと揺(ゆ)れたと思うと、後ろの絶壁(ぜっぺき)の頂(いただき)からは、四斗樽(しとだる)ほどの白蛇(はくだ)が一匹、炎(ほのお)のような舌(した)をはいて、みるみる近(ちか)くへ下(お)りてくるのです。

杜子春はしかし平然(へいぜん)と、眉毛(まゆげ)も動(うご)かさずに座っていました。

虎(とら)と蛇(へび)とは、一つ餌食(えじき)を狙(ねら)って、たがいに隙(すき)でもうかがうのか、しばらくは睨(にら)み合(あ)いの体(てい)でしたが、やがてどちらが先(さき)ともなく、一時(いちじ)に杜子春に飛(と)びかかりました。が、虎の牙(きば)に噛(か)まれるか、蛇の舌にのまれるか、杜子春の命はまたたくうちに、なくなってしまうと思ったとき、虎と蛇とは霧(きり)のごとく、夜風(よかぜ)とともに消(き)え失(う)せて、後にはただ、絶壁の松が、

□らんらん 형형, 반짝반짝 빛나는 모양 □こつぜんと 홀연, 갑자기 □躍り上がる 힘있게 뛰어오르다 □睨む 노려보다, 매섭게 쏘아보다 □たける 포효하다, 사납게 울부짖다 □ざわざわ 물건이 가볍게 스쳐서 나는 소리, 와삭와삭 □頂 (산 따위의) 꼭대기, 정상 □～斗 ~말 〈1말은 약 18 l 임〉 □樽 통 □炎 불꽃, 불길 □舌をはく 혀를 날름거리다 □平然 태연 □眉毛 눈썹 □餌食 먹이, 희생물 □狙う 노리다, 겨냥하다 □隙をうかがう 기회를 엿보다 □睨み合う 서로 노려보다 □体 모습, 태도, 상태 □飛びかかる 덤벼들다, 대들다 □牙 엄니 □またたくうちに 순식간에 □消え失せる 사라져 없어지다

さっきの通(とお)りこうこうと枝を鳴(な)らしているばかりなのです。杜子春はほっと一息(ひといき)しながら、今度はどんなことが起こるかと、心待(こころま)ちに待っていました。

　すると一陣(いちじん)の風が吹(ふ)き起(お)こって、墨(すみ)のような黒雲(くろくも)が一面(いちめん)に辺(あた)りを閉(と)ざすや否(いな)や、薄(うす)むらさきの稲妻(いなずま)が、やにわに闇(やみ)を二つに裂(さ)いて、すさまじく雷(らい)が鳴(な)り出(だ)しました。いや、雷ばかりではありません。それといっしょに滝(たき)のような雨も、いきなりどうどうと降(ふ)り出(だ)したのです。杜子春はこの天変(てんぺん)の中に、恐(おそ)れ気(げ)もなく座っていました。風の音(ね)、雨のしぶき、それから絶(た)え間(ま)ない稲妻(いなずま)の光(ひかり)――しばらくはさすがの峨眉山も覆(くつがえ)るかと思うくらいでしたが、そのうちに耳をもつんざくほど、大きな雷鳴(らいめい)が轟(とどろ)いたと思うと、空に渦巻(うずま)いた黒雲の中から、真(ま)っ赤(か)な一本(いっぽん)の火柱(ひばしら)が、杜子春の頭へ落(お)ちかかりました。

□一息する 한숨 돌리다 □心待ち 마음속으로 기다림, 은근히 기다림 □一陣 일진, 바람이 한바탕 붊 □墨 먹 □一面 전체, 온통, 일대 □閉ざす 닫다, 막다, 가리다 ■～や否や (동사 기본형에 붙어) ~하자마자, ~하기가 무섭게 〈彼は駅に着くや否やトイレに駆け出した 그는 역에 도착하자마자 화장실로 뛰기 시작했다〉 □稲妻 번개 □やにわに 느닷없이, 돌연, 갑자기 〈やにわに雨が降り出した 갑자기 비가 내리기 시작했다〉 □裂く 찢다 □すさまじい 무시무시하다, 무섭다, 굉장하다, 대단하다 〈すさまじいスピードで走る 굉장한 스피드로 달리다〉 □雷 천둥, 번개 ＝かみなり □滝 폭포 □天変 천변 : 하늘에서 일어나는 큰 변고 □恐れ気 겁내는 (두려워하는) 기색 □しぶく 비바람 치다 □覆る 뒤집히다, 전복되다 □つんざく 세게 찢다, 귀청을 찢다, 먹먹하게 하다 □雷鳴 천둥소리 □轟く (소리가) 울려 퍼지다 □渦巻く 소용돌이치다 □落ちかかる 떨어지다, 지금 막 떨어지려고 하다

杜子春は思わず耳を抑えて、一枚岩の上へひれ伏しました。が、すぐに目を開いて見ると、空は以前の通り晴れ渡って、向こうにそびえた山々の上にも、茶碗ほどの北斗の星が、やはりきらきら輝いています。して見れば今の大あらしも、あの虎や白蛇と同じように、鉄冠子の留守を付け込んだ、魔性のいたずらにちがいありません。杜子春はようやく安心して、額の冷や汗を拭いながら、また岩の上に座り直しました。

□ひれ伏す 부복하다, 넙죽 엎드리다 □そびえる 높이 (우뚝) 솟다, 치솟다 □輝く 빛나다, 반짝이다 □大あらし 대폭풍 □付け込む 기회를 타다, 틈타다, 허점을 이용하다, 기회로 삼다 〈人の弱みに付け込んでだまそうとする 남의 약점을 이용하여 속이려고 한다〉 □冷や汗を拭う 식은땀을 닦다

が、そのため息がまだ消えないうちに、今度は彼の座っている前へ、金の鎧を着下した、身のたけ三丈もあろうという、おごそかな神将が現れました。神将は手に三つ叉の戟を持っていましたが、いきなりその戟の切っ先を杜子春の胸もとへ向けながら、目をいからせて叱りつけるのを聞けば、

□鎧 갑옷 □着下す 입다 □たけ 키, 신장 □～丈 ~장〈길이를 나타내는 단위로, 1丈는 약 3m임〉 □おごそか 엄숙함 □神将 신장: 불교에서 행자를 보호하는 신 □三つ叉の戟 삼지창 □戟 창 □切っ先 칼 끝, 뾰족한 끝 □いからせる 상대를 위압하는 듯한 태도를 취하다〈目をいからせる 눈을 부릅뜨다〉

「こら、その方(ほう)は一体何者(いったいなにもの)だ。この峨眉山という山は、天地開闢(てんちかいびゃく)の昔から、おれがすまいをしているところだぞ。それもはばからずたった一人、ここへ足(あし)を踏(ふ)み入(い)れるとは、よもやただの人間(にんげん)ではあるまい。さあ命(いのち)が惜(お)しかったら、一刻(いっこく)も早(はや)く返答(へんとう)しろ。」というのです。

しかし杜子春は老人の言葉通(ことばどお)り、黙然(もくねん)と口をつぐんでいました。

「返事(へんじ)をしないか。——しないな。よし。しなければ、しないで勝手(かって)にしろ。その代(か)わりおれの眷属(けんぞく)たちが、その方(ほう)をずたずたにきってしまうぞ。」

神将(しんしょう)は戟(ほこ)を高(たか)く挙(あ)げて、向(む)こうの山の空を招(まね)きました。そのとたんに闇(やみ)がさっと裂(さ)けると、驚(おどろ)いたことには無数(むすう)の神兵(しんぺい)が、雲(くも)のごとく空にみちみちて、それがみな槍(やり)や刀(かたな)をきらめかせながら、今(いま)にもここへ人(ひと)なだれに攻(せ)め寄(よ)せようとしているのです。

□こら 사람을 불러 세우거나 책망할 때 쓰는 말, 이봐, 이놈 □その方 너 □何者 누구 □天地開闢 천지개벽 □はばかる 거리끼다, 꺼리다 〈人前をはばかって言わない 남의 이목을 꺼려서 말하지 않다〉 □よもや (뒤에 부정적인 추량형이 오며) 설마 〈よもや知るまいと思ったら、よく知っていた 설마 모르겠지 하고 생각했는데 잘 알고 있었다〉 □黙然 잠잠히 말이 없음 □つぐむ 다물다, 말하지 않다 =だまる □眷属 식구, 일가, 같은 편 □ずたずた 잘게 찢긴 모양, 토막토막, 갈기갈기 〈服がずたずたに裂けた 옷이 갈기갈기 찢어졌다〉 □招く 손짓하여 부르다, 초대하다 □みちみちる 넘칠 정도로 그득하다, 충만하다 □槍 창 □きらめかす 빛나게 하다, 번쩍이게 하다 □人なだれ 사람 사태, 많은 사람이 서로 밀어뜨려 우르르 겹쳐 넘어지는 일 □攻め寄せる 적 가까이까지 공격해 가다, 쳐들어가다

この景色を見た杜子春は、思わずあっと叫びそうにしましたが、すぐにまた鉄冠子のことばを思い出して、一生懸命に黙っていました。神将は彼が恐れないのを見ると、怒ったの怒らないのではありません。

「この強情者め。どうしても返事をしなければ、約束通り命はとってやるぞ。」

神将はこうわめくが早いか、三つ叉の戟をひらめかせて、一突きに杜子春を突き殺しました。そうして峨眉山もどよむほど、からからと高く笑いながら、どこともなく消えてしまいました。もちろんこのときはもう無数の神兵も、吹き渡る夜風の音といっしょに、夢のように消え失せた後だったのです。

□**強情者** 고집이 센 사람 □**～め** ~놈, ~녀석 □**ひらめかす** 번쩍이다 □**一突きに** 단번에 □**突き殺す** 찔러 죽이다 □**どよむ** 소리가 울려 퍼지다 □**からから** 높은 소리로 쾌활하게 웃는 모양, 껄껄 □**吹き渡る** 바람이 지나가다

北斗の星はまた寒そうに、一枚岩の上を照らし始めました。絶壁の松も前に変らず、こうこうと枝を鳴らせています。が、杜子春はとうに息が絶えて、仰向けにそこへ倒れていました。

五

杜子春の体は岩の上へ、仰向けに倒れていましたが、杜子春の魂は、静かに体から抜け出して、地獄の底へ下りてゆきました。

この世と地獄との間には、闇穴道という道があって、そこは年中暗い空に、氷のような冷たい風がぴゅうぴゅう吹きすさんでいるのです。杜子春はその風に吹かれながら、しばらくはただ木の葉のように、空を漂ってゆきましたが、やがて森羅殿という額のかかった立派な御殿の前へ出ました。

□照らし始める 비추기 시작하다 □仰向け 뒤로 젖혀 위를 봄 □魂 넋, 혼, 정신, 근성 □闇穴道 암혈도: 중죄를 지은 사람이 지난다는 이승과 지옥 사이의 어두운 길 □ぴゅうぴゅう 휭휭 □吹きすさぶ (바람이) 휘몰아치다, 거칠게 불다 □木の葉 나뭇잎 □漂う 떠다니다, 표류하다 □森羅殿 삼라전 □額 액자, 현판 □御殿 귀인이 사는 저택, 호화로운 저택

御殿の前にいた大勢の鬼は、杜子春の姿を見るや否や、すぐにその周りを取り巻いて、階の前へ引き据えました。階の上には一人の王様が、真っ黒なきものに金の冠をかぶって、いかめしく辺りを睨んでいます。これはかねて噂に聞いた、えんま大王にちがいありません。杜子春はどうなることかと思いながら、恐る恐るそこへひざまずいていました。

「こら、その方は何のために、峨眉山の上へ座っていた？」

□取り巻く 둘러싸다, 에워싸다 □階 계단 □引き据える (데려다) 난폭하게 꿇어앉히다 □冠 관
□かねて 미리, 전부터, 일찍이 □えんま大王 염라대왕 □ひざまずく 무릎을 꿇다

えんま大王の声は雷(かみなり)のように、階(きざはし)の上から響(ひび)きました。杜子春は早速(さっそく)その問(と)いに答(こた)えようとしましたが、ふとまた思い出したのは、「決(けっ)して口をきくな。」という鉄冠子(てっかんし)のいましめの言葉です。そこでただ頭を垂(た)れたまま、おしのように黙(だま)っていました。するとえんま大王は、持っていた鉄(てつ)の笏(しゃく)を挙(あ)げて、顔中(かおじゅう)のひげを逆立(さかだ)てながら、

「その方(ほう)はここをどこだと思う？ 速(すみ)やかに返答(へんとう)をすればよし、さもなければ時(とき)を移(うつ)さず、地獄の呵責(かしゃく)にあわせてくれるぞ。」と、威丈高(いたけだか)にののしりました。

が、杜子春は相変(あいか)わらず唇(くちびる)一つ動(うご)かしません。それを見たえんま大王は、すぐに鬼(おに)どもの方(ほう)を向(む)いて、荒々(あらあら)しく何(なに)か言(い)いつけると、鬼どもは一度(いちど)にかしこまって、たちまち杜子春を引(ひ)き立(た)てながら、森羅殿(しんらでん)の空へ舞(ま)い上(あ)がりました。

□ **ふと** 뜻밖에, 우연히, 문득, 갑자기 〈ふと思い出す 문득 생각나다〉 □ **いましめ** 훈계, 교훈, 주의 □ **垂れる** 드리우다, 늘어뜨리다 □ **笏** 옛날 관직에 있는 사람이 정장할 때 오른손에 쥐던 가늘고 긴 널판지 □ **逆立てる** 거꾸로 세우다, 곤두세우다 □ **速やか** 빠름, 신속, 조속 〈速やかな処置を取る 신속한 조치를 취하다〉 □ **さもなければ** 그렇지 않으면, 아니면 □ **時を移さず** 바로, 지체없이 □ **呵責** 몹시 괴롭힘 □ **威丈高** 위압적(고압적)인 태도 □ **荒々しい** 몹시 거칠다, 매우 난폭하다 □ **かしこまる** (윗사람의 말을) 삼가하여 받들다 □ **引き立てる** 특별히 돌봐주다, 등용하다, (죄인 등을) 강제로 연행하다, 억지로 끌고 가다

地獄には誰でも知っている通り、剣の山や血の池の外にも、焦熱地獄という炎の谷や極寒地獄という氷の海が、真っ暗な空の下に並んでいます。鬼どもはそういう地獄の中へ、代わる代わる杜子春を放り込みました。ですから杜子春は無残にも、剣に胸を貫かれるやら、炎に顔を焼かれるやら、舌を抜かれるやら、皮をはがれるやら、鉄の杵につかれるやら、油の鍋に煮られるやら、毒蛇に脳みそを吸われるやら、くまたかに目を食われるやら、——その苦しみを数え立てていては、とうてい際限がないくらい、あらゆる責め苦にあわされたのです。それでも杜子春は我慢強く、じっと歯を食いしばったまま、一言も口をききませんでした。

□剣 검 □焦熱地獄 초열지옥: 불교에서 말하는 8개의 지옥 중 하나로 참기 어려운 불의 고통을 당한다고 함 □代わる代わる 번갈아 가며, 교대로, 차례차례로 □放り込む (아무렇게나) 집어넣다, 던져 넣다 <なんでもかんでも引き出しの中に放り込む 이것저것 할 것 없이 서랍에 던져 넣다> □無残 잔인함, 잔혹함 □貫く 관통하다 □はがれる 벗겨지다 □杵 절굿공이 □毒蛇 독사 □脳みそ 뇌수 □くまたか 뿔매 <수릿과의 새> □教え立てる 일일이 세다, 하나하나 세다 □責め苦にあう 심한 괴로움(모진 고통)을 당하다 □歯を食いしばる 이를 악물다

これにはさすがの鬼どもも、呆れ返ってしまったのでしょう。もう一度夜のような空を飛んで、森羅殿の前へ帰ってくると、さっきの通り杜子春を階の下に引き据えながら、御殿の上のえんま大王に、

「この罪人はどうしても、ものをいう気色がございません。」と、口を揃えて言上しました。

えんま大王は眉をひそめて、しばらく思案に暮れていましたが、やがて何か思いついたと見えて、

「この男の父母は、畜生道に落ちているはずだから、早速ここへ引き立てて来い。」と、一匹の鬼に言いつけました。

鬼はたちまち風に乗って、地獄の空へ舞い上がりました。と思うと、また星が流れるように、二匹の獣を駆り立てながら、さっと森羅殿の前へ下りてきました。その獣を見た杜子春は、

□**呆れ返る** 아주 질리다, 어이없다, 기가 막히다 ＝呆れ果てる　□**口を揃える** 입을 모으다　□**言上する** 신분이 높은 사람에게 여쭙다, 말씀을 올리다　□**思案に暮れる** 어찌할 바를 몰라 이리저리 궁리하다 〈思案 여러 가지로 생각함, 궁리〉　□**畜生道** 축생도: 불교에서 말하는 삼악도의 하나로 죽은 후에 짐승으로 태어나는 세계　□**獣** 짐승　□**駆り立てる** (가축 따위를) 몰다, 몰아넣다

驚いたの驚かないのではありません。なぜかといえばそれは二匹とも、形はみすぼらしいやせ馬でしたが、顔は夢にも忘れない、死んだ父母の通りでしたから。

「こら、その方は何のために、峨眉山の上に座っていたか、まっすぐに白状しなければ、今度はその方の父母に痛い思いをさせてやるぞ。」

杜子春はこうおどされても、やはり返答をしずにいました。

「この不孝者めが、その方は父母が苦しんでも、その方さえ都合がよければ、いいと思っているのだな。」

えんま大王は森羅殿も崩れるほど、すさまじい声でわめきました。

「打て。鬼ども。その二匹の畜生を、肉も骨も打ち砕いてしまえ。」

□ ～の～ないのではない 너무 ~하다 □ みすぼらしい 초라하다, 빈약하다, 볼품없다 〈みすぼらしい身なりをした男の人がたずねてきた 초라한 옷차림을 한 남자가 찾아왔다〉 □ 白状 자백 □ おどす 위협하다 □ 不孝者 불효자 □ 都合かいい 사정(형편)이 좋다 □ 崩れる 무너지다, 붕괴하다

鬼どもはいっせいに「はっ。」と答(こた)えながら、鉄(てつ)の鞭(むち)をとって立(た)ち上(あ)がると四方八方(しほうはっぽう)から二匹の馬(うま)を未練未酌(みれんみしゃく)なく打(う)ちのめしました。鞭はりゅうりゅうと風を切って、ところ嫌(かま)わず雨のように、馬の皮肉(ひにく)を打(う)ち破(やぶ)るのです。馬は、──畜生になった父母は、苦しそうに身(み)をもだえて、目には血(ち)の涙(なみだ)を浮(うか)べたまま、見てもいられないほどいななき立(た)てました。

「どうだ。まだその方は白状(はくじょう)しないか。」

えんま大王は鬼どもに、しばらく鞭の手(て)をやめさせて、もう一度杜子春の答(こた)えを促(うなが)しました。もうその時には二匹の馬も、肉(にく)は裂(さ)け骨(ほね)は砕(くだ)けて、息(いき)も絶(た)え絶(だ)えに階(きざはし)の前(まえ)へ、倒(たお)れ伏(ふ)していたのです。

□ いっせいに 일제히 〈全国でいっせいに行われる 전국에서 일제히 행해지다〉 □ 鞭 채찍 □ 未練未酌(が)ない 망설임(주저함)이 없다 □ 打ちのめす 때려 눕히다 〈のめす (동사 ます형에 붙어) 철저하게 ~하다〉 □ りゅうりゅう 휙휙, 쉭쉭 □ ところ嫌わず 장소를 가리지 않고 〈ところ嫌わず行くつもりだ 어디든 상관없이 갈 작정이다〉 □ 打ち破る 깨뜨리다, 쳐부수다, 무찌르다 □ もだえる 괴로워서 (몸을) 뒤틀다, 번민하다 □ いななき立てる (말이 높은 소리로) 울어 대다 □ 促す 재촉하다 □ 砕ける 부서지다, 깨지다 □ 絶え絶え 곧 끊어질 듯한 모양, 끊길락말락하는 모양 □ 倒れ伏す 엎드려 쓰러지다

杜子春は必死になって、鉄冠子の言葉を思い出しながら、かたく目をつぶっていました。するとその時彼の耳には、ほとんど声とは言えないくらい、かすかな声が伝わってきました。

「心配をおしでない。私たちはどうなっても、お前さえ幸せになれるのなら、それより結構なことはないのだからね。大王が何とおっしゃっても、言いたくないことは黙っておいで。」

☐ **目をつぶる** 눈을 감다↔目を開ける 눈을 뜨다 ☐ **おしでない** ~하지 말아라 〈~しないでの 방언〉
☐ **結構** 훌륭함, 좋음, 부족됨이 없음, 만족스러움

それは確かに懐かしい、母親の声にちがいありません。杜子春は思わず、目を開きました。そうして馬の一匹が、力なく地上に倒れたまま、悲しそうに彼の顔へ、じっと目をやっているのを見ました。母親はこんな苦しみの中にも、息子の心を思いやって、鬼どもの鞭に打たれたことを、恨む気色さえも見せないのです。大金持ちになればお世辞を言い、貧乏人になれば口もきかない世間の人たちに比べると、何というありがたい志でしょう。何というけなげな決心でしょう。杜子春は老人のいましめも忘れて、まろぶようにそのそばへ走り寄ると、両手に半死の馬の首を抱いて、はらはらと涙を落としながら、「お母さん。」とひと声を叫びました。……

□**懐かしい** 그립다, 정답다 □**思いやる** (남의 일에) 생각이 미치다, 상상하다, 헤아리다, (남의 마음을 헤아려) 동정하다 □**志** 호의, 후의 □**けなげ** (나이나 체격에 비해) 갸륵함, 기특함 〈けなげな心がけ 갸륵한 마음씨〉 □**まろぶ** 〈문어〉 구르다, 넘어지다, 쓰러지다 ＝ころがる · ころぶ □**走り寄る** 뛰어서 다가가다 □**はらはら** 물방울 · 눈물 · 나뭇잎 등이 떨어져 흩어지는 모습, 뚝뚝, 주르륵, 하늘하늘, 우수수

六

その声に気がついてみると、杜子春はやはり夕日(ゆうひ)を浴(あ)びて、洛陽(らくよう)の西の門の下に、ぼんやり佇(たたず)んでいるのでした。かすんだ空(そら)、白い三日月(みかづき)、絶(た)え間(ま)ない人や車の波(なみ)、――すべてがまだ峨眉山(がびさん)へ、行(ゆ)かない前(まえ)と同(おな)じことです。

「どうだな。おれの弟子(でし)になったところが、とても仙人(せんにん)にはなれはすまい。」

片目(かため)すがめの老人は微笑(びしょう)を含(ふく)みながら言いました。

「なれません。なれませんが、しかし私はなれなかったことも、かえって嬉(うれ)しい気がするのです。」

杜子春はまだ目に涙を浮(うか)べたまま、思わず老人の手を握(にぎ)りました。

□ **かすむ** 안개가 끼다, 희미하게 보이다 □ **微笑を含む** 미소를 머금다 □ **嬉しい** 기쁘다, 반갑다, 감사하다

「いくら仙人になれたところが、私はあの地獄(じごく)の森羅殿(しんらでん)の前に、鞭(むち)をうけている父母(ちちはは)を見ては、黙っているわけにはゆきません。」

「もしお前が黙っていたら——。」と鉄冠子は急(きゅう)におごそかな顔になって、じっと杜子春を見(み)つめました。

「もしお前が黙っていたら、おれは即座(そくざ)にお前の命(いのち)を絶(た)ってしまおうと思っていたのだ。——お前はもう仙人になりたいという望(のぞ)みも持っていまい。大金持ちになることは、もとより愛想(あいそ)がつきたはずだ。ではお前はこれから後(のち)、何(なん)になったらいいと思うな。」

「何(なん)になっても、人間(にんげん)らしい、正直(しょうじき)な暮(く)らしをするつもりです。」

■ **～わけにはいかない** (동사 기본형과 부정형에 붙어) ~할 수는 없다 〈子供もいるし家のローンもあるので会社を辞(や)めるわけにはいきません 아이도 있고 집 대출도 있어서 회사를 그만둘 수는 없습니다〉
□**即座** 즉석, 그 자리, 당장 〈即座に答える 즉석에서 대답하다〉 □**絶つ** 끊다, 자르다

杜子春の声には、今までにない晴(は)れ晴(ば)れした調子(ちょうし)がこもっていました。

「そのことばを忘れるなよ。ではおれは今日かぎり、二度とお前には会(あ)わないから。」

鉄冠子(てっかんし)はこういううちに、もう歩(ある)き出(だ)していましたが、急にまた足を止(と)めて、杜子春の方(ほう)を振(ふ)り返(かえ)ると、

「おお、幸(さいわ)い、今思い出したが、おれは泰山(たいざん)の南(みなみ)のふもとに一軒(いっけん)の家(いえ)を持っている。その家を畑(はたけ)ごとお前にやるから、早速行って住(す)まうがいい。今(いま)ごろはちょうど家(いえ)の周(まわ)りに、桃(もも)の花が一面(いちめん)に咲(さ)いているだろう。」と、さも愉快(ゆかい)そうにつけ加(くわ)えました。

□ 晴れ晴れする 상쾌하다, 시원하다, 후련하다 □ こ 어조, 가락, 장단 □ こもる 담기다, 어리다, 깃들다 ■ ～かぎり (명사에 붙어) ~까지, ~만 〈この場かぎりの話ですよ 이 자리에서만의 이야기예요〉 □ 泰山 중국 산동성에 있는 명산으로 도교 신앙의 중심임 □ ふもと 산기슭 □ ～ごと (명사에 붙어) ~와 함께, ~째 〈骨ごと食べる 뼈째 먹다〉 □ 住まう 살다, 거주하다 □ さも 〈뒤에 ようだ・みたいだ 등이 오는 경우가 많음〉 아주, 정말, 참으로, 자못 〈さも悲しそうに話す 참으로 슬픈 듯이 이야기하다〉 □ 愉快 유쾌(함) □ つけ加える 보태다, 덧붙이다, 첨가하다 〈一言つけ加えておきます 한마디 덧붙여 두겠습니다〉

본문 해석

본문과 대조하면서 확인해 보시기 바랍니다.

鼻 코

p.12 젠치 내공봉의 코로 말할 것 같으면 이케노오에서 모르는 이가 없다. 길이는 5, 6치나 되고, 윗입술 위에서 턱 밑까지 늘어져 있다. 모양은 밑동과 끝이 똑같이 굵다. 말하자면 가늘고 기다란 순대 같은 물건이, 대롱대롱 얼굴 한복판에서부터 매달려 있는 것이다.

쉰 살을 넘긴 내공봉은 옛날 사미 시절부터 내도량 수행직의 자리에 오른 오늘날까지 내심으론 늘 이 코 때문에 마음고생을 해 왔다.

p.13 물론 겉으로는 지금도 별로 신경 쓰이지 않는 듯한 얼굴로 태연한 척하고 있다. 이것은 전심전력으로 내세의 정토를 갈망해야 할 승려의 몸으로, 코 걱정을 하는 것은 좋지 않다고 생각했기 때문만은 아니다. 그보다는 오히려 자기가 코에 신경을 쓰고 있다는 것이 남에게 알려지는 것이 싫었기 때문이다. 내공봉은 평소 이야기 중에 코라는 말이 나오는 것을 무엇보다도 겁내고 있었다.

내공봉이 코를 처치 곤란해 하는 이유에는 두 가지가 있다. — 하나는 실제적으로 코가 긴 것이 불편했기 때문이다. 우선 밥을 먹을 때도 혼자서는 먹을 수가 없다. 혼자서 먹으면 코끝이 주발 안의 밥에 닿고 만다. 그래서 내공봉은 제자 하나를 상 맞은편에 앉혀 놓고, 밥을 먹는 동안 내내, 넓이 한 치, 길이 두 자 가량의 판자로 코를 들어올리게 했다. 그러나 이렇게 해서 밥을 먹는다는 것은, 들어올리고 있는 제자에게도,

p.15 들어올려져 있는 내공봉에게도 결코 쉬운 일이 아니다. 한번은 이 제자 대신에 코를 든 동자승이 재채기를 하는 바람에 손이 떨려 코를 죽 속에 빠뜨린 이야기는 당시 쿄토에까지 널리 알려졌다. — 그러나 이것은 내공봉이 결코 코 때문에 속을 썩은 주된 이유는 아니다. 내공봉은 실은 이 코로 인해 상처받는 자존심 때문에 괴로워했던 것이다.

이케노오 마을 사람들은 이런 코를 가진 젠치 내공봉을 위해, 내공봉이 속인이 아닌 것이 다행이라고들 했다. 저런 코로는 아무도 아내가 되려는 여자가 없을 것이라고 생각했기 때문이다. 그중에는 또 그 코 때문에 출가했을 것이라고 비평하는 사람까지 있었다. 그러나 내공봉은 그 자신이 승려이기 때문에 다소나마라도 이 코로 인해 받는 괴롭힘이 줄어들었다고 생각하지 않는다.

p.16 내공봉의 자존심은 아내를 얻는 것과 같은 결과적 사실에 좌우되기에는 너무

나 민감하게 되어 있던 것이다. 그래서 내공봉은 적극적으로든 소극적으로든 이 자존심의 훼손을 회복하고자 애썼다.

우선 내공봉이 생각한 것은, 이 긴 코를 실제 이상으로 짧게 보이게 하는 방법이다. 이것은 사람이 없을 때 거울을 향해 여러 각도에서 얼굴을 비춰 보면서 열심히 궁리를 해 보았다. 경우에 따라서는 얼굴 위치를 바꾸는 것만으로는 안심이 안 되어, 턱을 괴기도 하고, 턱 끝에 손가락을 대기도 하면서 끈기 있게 거울을 들여다보는 일도 있었다. 그러나 스스로 만족할 만큼 코가 짧아 보인 적은 지금까지 단 한 번도 없다. 어떤 때는 애를 쓰면 쓸수록 오히려 길어 보이는 것 같은 느낌마저 들었다. 내공봉은 이런 때에는 거울을 상자에 넣으면서 새삼스럽게 한숨을 쉬고는

p.17 마지 못해 다시 원래의 경상으로 관음경을 읽으러 돌아가는 것이다.

그리고 또 내공봉은 언제나 남의 코에 신경을 쓰고 있었다. 이케노오 절은 승려의 강설 등이 자주 열리는 절이다. 절 안에는 승방이 빈틈없이 이어져 있고, 목욕간에서는 절의 승려가 매일 물을 끓이고 있다. 따라서 이곳에 드나드는 승려와 속인 부류도 매우 많다. 내공봉은 이런 사람들의 얼굴을 끈기있게 관찰했다. 한 사람이라도 자기와 같은 코를 지닌 인간을 찾아서 위안을 삼고 싶었던 것이다. 때문에 내공봉의 눈에는 쪽빛의 평상복도 흰 홑옷도 들어오지 않는다. 하물며 주황색 모자나 연회색 승복 따위는 눈에 익숙해 있는 만큼 있어도 없는 것과 마찬가지이다. 내공봉은 사람을 보지 않고 오직 코만 보았다. ── 그러나 매부리코는 있어도 내공봉과 같은 코는 하나도 눈에 띄지 않는다.

p.18 그렇게 눈에 띄지 않는 일이 거듭됨에 따라 내공봉의 마음은 차츰차츰 다시 불쾌해졌다. 내공봉이 다른 사람과 이야기하면서 무의식중에 늘어져 있는 코끝을 쥐어 보고, 나잇값도 못하고 얼굴을 붉힌 것은 전적으로 이 불쾌감에 동요된 까닭인 것이다.

마지막으로 내공봉은 불경이나 일반 서적 속에 자신과 똑같은 코를 지닌 인물을 찾아내어 그런대로 약간의 위안을 삼으려고 조차 생각한 적이 있다. 그러나 목련이나 사리불의 코가 길었다는 말은 어느 경전에도 쓰여 있지 않았다. 물론 용수며 마명도 보통 사람의 코를 지닌 보살이다. 내공봉은 중국의 이야기를 하던 차에 촉한의 유현덕의 귀가 길었다는 이야기를 들었을 때, 그것이 코였더라면 얼마나 자신이 마음이 놓였을까 하고 생각했다.

p.19 내공봉이 이렇게 소극적인 고심을 하면서도, 한편으로는 또 적극적으로 코가

짧아지는 방법을 시도했던 일은 일부러 여기서 말할 필요도 없다. 내공봉은 이 방면에서도 거의 할 수 있는 만큼의 일을 다 했다. 쥐참외를 달여 먹어 본 적도 있다. 쥐 오줌을 코에 문질러 본 적도 있다. 그러나 무엇을 어떻게 해도 코는 여전히 5, 6치 길이로 대롱거리며 입술 위에 늘어져 있는 것이 아닌가.

p.20 그런데 어느 해 가을, 내공봉의 심부름을 겸해 교토에 올라간 제자 승려가 아는 의사에게서 긴 코를 짧게 하는 방법을 배워 왔다. 그 의사라는 사람은 원래 중국에서 건너온 남자로서 당시는 장락사의 봉공승이 되어 있었던 것이다.

내공봉은 평소처럼 코 따위는 신경 쓰지 않는 척을 하고, 일부러 그 방법도 당장에 해보자고는 말하지 않고 있었다. 그리고 한편으로는 지나가는 말로, 식사 때마다 제자에게 수고를 끼치는 게 미안하다는 듯이 말을 했다. 속으로는 물론 제자 승려가 자기를 설득해서 그 방법을 시도케 하기를 기다리고 있었던 것이다. 제자 스님인들 내공봉의 이 책략을 모를 리가 없다. 그러나 그것에 대한 반감보다는 내공봉이 그런 책략을 쓰는 심정이 훨씬 더 이 제자 승려의 동정을 자아낸 것이리라.

p.21 제자 승려는 내공봉이 기대한 대로 온갖 말로 이 방법을 시도할 것을 권유하기 시작했다. 그렇게 해서 내공봉 자신도 역시, 예상대로 결국 이 간곡한 권고를 따르게 되었다.

그 방법이란 것이, 그저 뜨거운 물에 코를 삶아 그 코를 남에게 밟게 한다는, 지극히 간단한 것이었다.

뜨거운 물이라면 절 목욕간에서 매일 끓이고 있다. 그래서 제자 승려는 손가락도 담글 수 없을 듯한 뜨거운 물을 즉시 주전자에 담아 목욕간에서 퍼왔다. 그렇지만 바로 이 주전자에 코를 담갔다간 뜨거운 김을 쐬어서 얼굴을 델 염려가 있다. 그래서 사각쟁반에 구멍을 뚫어, 그것을 주전자의 뚜껑으로 삼아, 그 구멍을 통해 코를 뜨거운 물속에 넣기로 했다. 코만은 이 뜨거운 물에 담가도 조금도 뜨겁지 않은 것이다. 잠시 후 제자 승려가 말했다.

p.22 — 이젠 삶아졌을 시간이겠어요.

내공봉은 쓴웃음을 지었다. 이것만 들어서는 아무도 코에 관한 이야기라고는 알아차리지 못할 것이라 생각했기 때문이다. 코는 뜨거운 물에 익혀져서 벼룩이 물어뜯은 것처럼 근질거린다.

제자 승려는 내공봉이 사각쟁반 구멍에서 코를 빼내자, 아직도 김이 나고 있는 코를 양쪽 발에 힘을 주어 가면서 밟기 시작했다. 내공봉은 옆으로 누워 코를 마루바닥 위에 늘어뜨리고서, 제자 승려의 발이 위아래로 움직이는 것을 눈앞에서 보고 있는 것이다. 제자 승려는 때때로 애처로운 듯한 얼굴을 하고서 내공봉의 대머리를 내려다보면서 이런 말을 했다.

— 아프지는 않으십니까? 의사가 꼭꼭 밟으라고 해서. 그래도 아프지는 않으십니까?

p.23 내공봉은 고개를 흔들어 아프지 않다는 뜻을 나타내려 했다. 그러나 코를 밟히고 있어서 생각대로 고개가 움직이지 않는다. 그래서 눈을 치켜뜨고 제자 승려의 발이 얼어서 튼 것을 바라보면서 화가 난 듯한 목소리로,

— 아프지는 않다니까.

하고 대답했다. 실제로 코의 근질거리는 곳을 밟아 주고 있기 때문에 아프기는커녕 오히려 기분이 좋을 정도였던 것이다.

한동안 밟고 있자니, 마침내 좁쌀 알 같은 것이 코에 돋아나기 시작했다. 말하자면 털을 뽑은 새를 통째로 통구이를 한 것 같은 모양이다. 제자 승려가 이것을 보자, 발을 멈추고 혼잣말처럼 이렇게 말했다.

p.25 — 이걸 족집게로 뽑으라고 하시던데….

내공봉은 불만스러운 듯 뿌루퉁한 얼굴로 잠자코 제자 승려가 하는 대로 맡겨 두었다. 물론 제자 승려의 친절을 모르는 바는 아니다. 그런 줄은 알지만, 자기의 코를 마치 물건처럼 취급하는 것이 불쾌하게 여겨졌기 때문이다. 내공봉은 신뢰할 수 없는 의사의 수술을 받는 환자 같은 얼굴을 하고, 마지못해 제자 승려가 코의 모공에서 족집게로 기름을 빼내는 것을 바라보고 있었다. 기름은 새털의 대같은 모양으로 4푼 가량의 길이로 빠져나왔다.

마침내 이 일이 한차례 끝나자, 제자 승려는 휴우 하고 한숨 돌린 듯한 얼굴을 하고는,

— 한번 더 이것을 삶았으면 좋겠습니다.

라고 했다.

p.26 내공봉은 역시 여덟 팔자를 그린 채 불만스러운 얼굴을 하고 제자 승려가 말하는 대로 따랐다.

그런데 두 번째로 삶은 코를 꺼내어 보니, 과연 평소와 달리 짧아져 있다. 이쯤 되면

흔히 있는 매부리코와 별 차이가 없다. 내공봉은 그 짧아진 코를 쓰다듬으며 제자 승려가 내어 주는 거울을 쑥스러운 듯이 조심조심 들여다보았다.

코는 ── 그 턱 아래까지 늘어져 있던 코는 거의 거짓말처럼 수축되어, 이제는 겨우 윗입술 위에서 맥없이 여명을 보존하고 있다. 군데군데 빨갛게 얼룩진 것은 아마도 밟혔을 때의 자국일 것이다. 이쯤 되면, 이제 아무도 웃는 이가 없을 것이 틀림없다. ── 거울 속에 있는 내공봉의 얼굴은 거울 밖에 있는 내공봉의 얼굴을 보고 만족스러운 듯이 눈을 껌벅거렸다.

p.27 그러나 그 날은 아직 하루종일 코가 다시 길어지지는 않을까 하는 불안이 있었다. 그래서 내공봉은 독경을 할 때나, 식사를 할 때나 틈만 나면 손을 들어 슬쩍 코끝을 만져 보았다. 그러나 코는 얌전하게 입술 위쪽에 터를 잡고 있을 뿐, 각별히 그보다 밑으로 처져 내려오는 기색도 없다. 그로부터 하룻밤을 자고 다음날 일찍 눈이 떠지자, 내공봉은 제일 먼저 자기의 코를 쓰다듬어 보았다. 코는 여전히 짧다. 내공봉은 그래서 몇년 만에 법화경 서사의 공을 쌓았을 때와 같은 평온한 기분이 되었다.

그런데 2, 3일 지나는 동안 내공봉은 뜻밖의 사실을 발견했다. 그것은 때마침 볼일이 있어 이케노오 절을 찾아온 무사가, 전보다도 훨씬 이상한 얼굴을 하고 말도 별로 하지 않은 채 뚫어지게 내공봉의 코만 바라보고 있었던 것이다.

p.28 그뿐 아니라, 요전에 내공봉의 코를 죽 속에 빠뜨린 적이 있는 동자승 같은 경우는 강당 밖에서 내공봉과 스쳐 지나갔을 때, 처음에는 아래쪽을 보면서 웃음을 참고 있더니, 결국 참을 수가 없었던지 한꺼번에 웃음을 터뜨려 버렸다. 용무를 분부 받은 하법사들이, 얼굴을 마주 바라보고 있는 동안 만은 경건한 자세로 말을 듣고 있지만, 내공봉이 뒤만 돌아보면 금방 킥킥하고 웃기 시작한 일은 한두 번이 아니다.

내공봉은 처음엔, 이것을 자기 얼굴이 변한 탓이라고 해석했다. 그러나 아무래도 이 해석만으로는 충분한 설명이 되는 것 같지 않다. ── 물론 동자승이나 하법사가 웃는 원인은 거기에 있음에 틀림없다. 그렇지만 같은 웃음이라고 해도 코가 길던 시절과는 웃는 모습이 어딘지 모르게 다르다. 눈에 익은 긴 코보다 눈에 익지 않은 짧은 코 쪽이 우스꽝스럽게 보인다면 그뿐이다. 하지만 거기에는 또 다른 무엇이 있는 것 같다.

p.29 ── 전에는 저렇게 노골적으로 웃지는 않았는데.

내공봉은 외우던 경문을 중단하고 대머리를 갸웃거리면서 때때로 이렇게 중얼거릴 때가 있었다. 가엾은 내공봉은 그럴 때면 언제나 멍하니 옆에 걸려 있는 보현보살의 화상을 바라보면서, 코가 길었던 4, 5일 전의 일을 떠올리며 '이제는 더없이 초라하게 몰락한 사람이 전성기의 옛날을 그리워하듯' 울적해지고 마는 것이다. ── 내공봉에게는 유감스럽게도 이 물음에 대한 답을 내려 줄 지혜가 모자랐던 것이다.

── 인간의 마음에는 서로 모순된 두 개의 감정이 있다. 물론 누구라도 남의 불행을 동정하지 않는 사람은 없다. 그러나, 그 사람이 그 불행을 간신히 극복하고 나면, 이번에는 이쪽에서 어쩐지 허전한 마음이 든다.

p.30 조금 과장해서 말한다면, 다시 한번 그 사람을 똑같은 불행에 빠뜨려 보았으면 하는 마음까지 들게 된다. 그리고 어느새, 소극적이기는 하지만, 어떤 적의를 그 사람에게 품게 된다. ── 내공봉이 이유를 알지 못하면서도 어쩐지 불쾌하게 생각한 것은 이케노오의 승려와 속인의 태도에서, 이 방관자의 이기주의를 어렴풋이 감지했기 때문이다.

그래서 내공봉은 날이 갈수록 기분이 상했다. 두 마디째에는 누구에게나 심술궂게 야단을 쳤다. 마침내는 코를 치료한 제자 승려까지도 "내공봉은 무자비해서 죽어서 벌을 받을 거야."라고 험담을 할 정도가 되었다. 특히 내공봉을 화나게 만든 것은 그 장난꾸러기 동자승이었다. 어느 날, 요란하게 개 짖는 소리가 나서 내공봉이 별생각 없이 밖에 나가 보니 동자승이 두 자 가량 되는 나뭇조각을 휘두르며 털이 길고 깡마른 삽살개를 뒤쫓고 있었다. 그것도 그냥 뒤쫓는 것이 아니다.

p.31 "코를 맞아 볼래? 자, 코를 맞아 볼래."라고 놀리면서 뒤쫓고 있는 것이다. 내공봉은 동자승의 손에서 그 나뭇조각을 낚아챈 뒤 세게 그 얼굴을 때렸다. 나뭇조각은 전에 코를 들어올리던 나무였던 것이다.

내공봉은 공연히 코가 짧아진 것이 오히려 원망스러워졌다.

그러던 어느 날 밤의 일이다. 해가 지고 나서 갑자기 바람이 부나 보다 했더니, 탑의 풍경이 울리는 소리가 귀찮을 정도로 머리맡에 울려왔다. 게다가 싸늘한 기운도 한층 더했기 때문에, 노년의 내공봉은 좀처럼 잠이 오지 않았다. 그래서 잠자리 속에서 눈을 깜박거리고 있는데, 문득 코가 여느 때와는 달리 근질거리는 것을 느꼈다. 손을 대어 보니 약간 물기가 오른 듯 부어 있다. 아무래도 거기에만 열도 나는 것 같다.

p.32 ── 무리하게 짧게 하는 바람에 병이 났는지도 모르겠다.

내공봉은 부처님 앞에 향과 꽃을 바치는 듯한 엄숙한 손놀림으로 코를 누르며 이렇게 중얼거렸다.

다음 날 아침, 내공봉이 평소처럼 일찍 눈을 떠 보니, 절 안의 은행나무와 칠엽수가 하룻밤 사이에 낙엽이 져서 뜰은 금을 깔아 놓은 듯이 밝다. 탑의 지붕에는 서리가 내린 탓이리라. 아직도 엷은 아침 햇살에 구륜이 눈부시게 빛나고 있다. 젠치 내공봉은 덧문을 올린 마루에 서서 깊이 숨을 들이마셨다.

거의 잊혀져 가던 어떤 감각이 다시금 내공봉에게 되돌아온 것은 이때였다.

p.33 내공봉은 얼른 코에 손을 가져갔다. 손에 닿은 것은 간밤의 짧은 코가 아니다. 윗입술 위에서 턱 아래까지, 5, 6치 남짓이나 매달려 있는, 예전의 긴 코다. 내공봉은 코가 하룻밤 사이에 다시 원상태로 길어진 것을 알았다. 그리고 그와 동시에 코가 짧아졌던 때와 같은 상쾌한 마음이 어딘가에서 돌아오는 것을 느꼈다.

── 이렇게 된 이상, 이젠 아무도 웃는 사람은 없겠지.

내공봉은 마음 속으로 이렇게 자신에게 속삭였다. 기다란 코를 새벽의 가을 바람에 흔들거리면서.

トロッコ 광차

p.34 오다와라와 아타미 사이에 협궤철도 부설 공사가 시작된 것은 료헤이가 여덟 살 때의 일이었다. 료헤이는 매일 마을 밖으로 그 공사를 구경하러 갔다. 공사를 ── 이라 해 봤자 단순히 광차로 흙을 운반하는 ── 그것이 재미있어서 구경하러 갔던 것이다.

광차 위에는 공사 인부 두 명이 실어 놓은 흙 뒤쪽에 서 있다. 광차는 산을 내려가기 때문에 사람의 힘을 빌지 않고 달려온다.

p.35 덜커덕거리며 차대가 움직이기도 하고, 인부의 옷자락이 펄럭이기도 하고, 좁은 선로가 휘기도 하고 ── 료헤이는 그런 광경을 바라보면서 토목 공사 인부가 되었으면 좋겠다고 생각한 적이 있다. 하다못해 한 번이라도 좋으니 인부들과 함께 광차를 타 보았으면 하고 생각한 적도 있다. 광차는 마을 밖 평지에 도착하면 저절로 그곳에 정지해 버린다. 그와 동시에 인부들은 가볍게 광차에서 뛰어내리자마자 그 선로의 종점에 수레의 흙을 쏟아 놓는다. 그리고 나서 이번에는 광차를 계속 밀면서 원래 왔던 산쪽으로 올라가기 시작한다. 료헤이는 그때 타 보지는 못하더라도, 미는 것만이라도

해 봤으면 하고 생각하는 것이다.

p.36 어느 날 저녁, ── 그것은 2월 초순이었다. 료헤이는 두 살 아래인 남동생과, 동생과 동갑인 이웃집 아이와 함께 광차가 놓여 있는 마을 밖으로 갔다. 광차는 진흙투성이가 된 채 어둑어둑한 가운데 나란히 서 있었다. 하지만 그 외에는 어디를 보아도 인부들의 모습은 보이지 않았다. 세 아이들은 조심조심 제일 끝에 있는 광차를 밀었다. 광차는 세 명의 힘이 합쳐지자 갑자기 덜커덩하고 바퀴가 움직였다. 료헤이는 이 소리에 가슴이 철렁했다. 그러나 두 번째 바퀴 소리는 더 이상 그를 놀라게 하지 않았다. 덜커덩덜커덩 ── 광차는 그런 소리와 더불어 세 명의 손에 밀리면서, 슬금슬금 선로를 올라갔다.

그러는 사이 대충 10간 가량 나아가자 선로의 경사가 가팔라지기 시작했다. 광차도 세 명의 힘으로는 아무리 밀어도 움직이지 않게 되었다. 자칫하면 광차와 함께 되밀리게 되는 경우가 있다. 료헤이는 이쯤하면 되었다고 생각해서 동생들에게 신호를 했다.

p.37 "자, 탈까?"

아이들은 한꺼번에 손을 떼고는 광차 위로 뛰어올랐다. 광차는 처음에는 천천히, 그러다가 순식간에 빨라져서 단숨에 선로를 내려가기 시작했다. 그 순간 마주치는 풍경은 순식간에 양쪽으로 갈라지듯이 휙휙 눈앞으로 전개되어 온다. ── 얼굴에 닿는 해질녘의 바람, 발밑에서 춤추는 광차의 동요 ── 료헤이는 너무 좋아서 거의 하늘을 날 듯한 기분이 되었다.

그러나 광차는 2, 3분 뒤 벌써 원래의 종점에 멈춰 서 있었다.

"자, 한번 더 밀자."

료헤이는 손아래 두 명과 함께 또 광차를 밀어올리려고 나섰다. 그러나, 아직 바퀴도 움직이기 전인데 갑자기 그들의 뒤쪽에서 누군가의 발소리가 들리기 시작했다. 그뿐만 아니라, 그게 들리기 시작하는가 싶더니 갑자기 이런 호통소리로 변했다.

"이놈들, 누구한테 허락받고 광차에 손 댔어?"

p.39 그곳에는 옥호가 새겨진 낡은 윗옷에 철 지난 밀짚모자를 쓴 키가 큰 인부가 서 있었다. ── 그런 모습이 눈에 들어왔을 때, 료헤이는 동생들과 함께 이미 5, 6간 달아나고 있었다. ── 그 이후로 료헤이는 심부름 갔다 오는 길에 인기척이 없는 공사장의 광차를 보아도 두번 다시 타 보려고 생각한 적이 없다. 하지만 그때의 인부의 모습은 지금까지도 료헤이의 머리 한구석에 뚜렷한 기억을 남기고 있다. 어둑어둑한 가운

데 희미하게 보인, 작은 노란색 밀짚모자 — 그러나 그 기억조차도 해가 갈수록 퇴색되어 가는 것 같다.

그 후 열흘 쯤 지나고 나서, 료헤이는 또다시 혼자서 점심시간이 지난 공사장에 우두커니 서서 광차가 오는 것을 바라보고 있었다. 그러자 흙을 실은 광차 외에 침목을 실은 광차가 한 대, 이것은 본선이 될 예정인 굵은 선로를 올라왔다. 이 광차를 밀고 있는 것은 두 명 모두 젊은 남자였다. 료헤이는 그들을 봤을 때부터 어쩐지 쉽게 친해질 것 같은 느낌이 들었다.

p.40 '이 사람들이라면 야단치지 않을 거야.' — 료헤이는 그렇게 생각하면서 광차 옆으로 뛰어갔다.

"아저씨, 밀어 드릴까요?"

그중의 한 명, — 줄무늬 셔츠를 입은 남자는 고개를 숙이고 광차를 민 채로, 생각했던 대로 기분 좋게 대답을 했다.

"그래, 밀어 줘."

료헤이는 두 사람 사이로 들어가자 힘껏 밀기 시작했다.

"너는 상당히 힘이 세구나."

다른 한 사람 — 귀에 궐련을 꽂은 남자도 이렇게 료헤이를 칭찬해 주었다.

그러는 동안 선로의 경사는 점점 완만해지기 시작했다. "이제 밀지 않아도 된다." — 료헤이는 당장이라도 이런 소리를 들을까 속으로 걱정이 되어 견딜 수 없었다. 그러나 젊은 두 인부는 조금 전보다도 허리를

p.41 세운 채 묵묵히 계속 광차를 밀고 있었다. 료헤이는 마침내 참을 수가 없어 머뭇머뭇 이렇게 물어 보았다.

"계속 밀어도 돼요?"

"되고 말고."

두 사람은 동시에 대답했다. 료헤이는 '상냥한 사람들이구나'라고 생각했다.

5, 6정 남짓 계속 밀고 가자, 선로는 또 한번 급경사가 되었다. 그곳에는 양쪽 밀감밭에 노란 열매가 수없이 햇빛을 받고 있다.

'오르막길이 좋아, 언제까지고 밀게 해 줄테니까.' — 료헤이는 그런 생각을 하면서 온몸으로 광차를 밀었다.

밀감밭 사이를 다 오르자, 갑자기 선로는 내리막길이 되었다. 줄무늬 셔츠를 입은 남자는 료헤이에게 "야, 타라."고 했다.

p.42 료헤이는 얼른 올라탔다. 광차는 세 사람이 올라탐과 동시에 밀감밭의 향기를 가르면서 미끌어지듯이 선로를 달리기 시작했다. '미는 것보다도 타는 게 훨씬 좋구나.' ── 료헤이는 겉옷에 바람을 품으면서 당연한 생각을 했다. '가는 길에 미는 곳이 많으면 오는 길에 또 타는 곳이 많겠구나.' ── 그렇게 또 생각하기도 했다.

대나무 숲이 있는 곳에 오자 광차는 조용히 달리는 것을 멈추었다. 세 사람은 다시 전과 같이 무거운 광차를 밀기 시작했다. 대나무 숲은 어느새 잡목림이 되었다. 완만한 비탈길 여기저기에는 붉게 녹슨 선로조차 보이지 않을 정도로 낙엽이 쌓인 곳도 있었다. 그 길을 간신히 다 올라가자, 이번에는 높은 벼랑 저쪽에 넓디넓은 으스스한 바다가 펼쳐졌다. 그와 동시에 료헤이의 머리에는 너무 멀리 왔다는 느낌이 갑자기 분명해졌다.

p.43 세 사람은 다시 광차를 탔다. 광차는 바다를 오른쪽으로 하면서 잡목 가지 밑을 달려갔다. 그러나 료헤이는 좀 전처럼 기분이 즐거울 수는 없었다. '이젠 돌아가 주었으면 좋겠다.' ── 료헤이는 그렇게도 빌어 보았다. 하지만 갈 데까지 다다르지 않으면 광차도 그들도 돌아가지 못한다는 것은 물론 료헤이도 잘 알고 있었다.

그 다음에 광차가 멎은 곳은, 깍아내린 산을 등지고 있는 초가지붕의 찻집 앞이었다. 두 인부는 그 가게에 들어가자, 젖먹이를 업은 여주인을 상대로 유유히 차를 마시기 시작했다. 료헤이는 혼자서 조바심이 나서 광차 주변을 둘러보았다. 광차에는 단단한 차대 판대기에 튄 진흙이 말라 있었다.

p.44 한참 뒤 찻집을 나오는 길에 궐련을 귀에 꽂았던 남자는 (그때에는 이미 꽂고 있지 않았지만) 광차 곁에 있는 료헤이에게 신문지에 싼 막과자를 주었다. 료헤이는 쌀쌀맞게 "고맙습니다."라고 했다. 그러나 곧 쌀쌀맞게 굴면 상대방에게 미안하다고 고쳐 생각했다. 료헤이는 쌀쌀맞게 대했던 것을 무마하려는 듯이 신문지에 싸인 과자 하나를 입에 넣었다. 과자에는 신문지에 남아 있던 것 같은 석유 냄새가 배어 있었다.

세 사람은 광차를 밀며 완만한 비탈길을 올라갔다. 료헤이는 광차에 손을 대고 있었으나 마음 속으로는 다른 것을 생각하고 있었다.

그 언덕을 저편으로 다 내려가니, 또 같은 찻집이 있었다. 인부들이 찻집 안으로 들어간 다음 료헤이는 광차에 걸터앉아서 돌아갈 일만 걱정하고 있었다. 찻집 앞에는 꽃이 핀 매화에 서쪽 하늘 햇빛이 막 저물어 가고 있었다. '벌써 해가 지는구나.'

p.45 ── 료헤이는 그렇게 생각하니 멍하니 앉아 있을 수도 없었다. 광차의 바퀴를 걷어차 보기도 하고, 혼자 힘으로는 움직이지 않는다는 것을 알면서도 끙끙거리며 광차를 밀어 보기도 하고, ── 그런 것으로 기분을 달래고 있었다.

하지만 인부들은 나오더니 광차 위의 침목에 손을 얹으며 아무렇지도 않게 료헤이에게 이렇게 말했다.

"너는 이제 돌아가거라. 우리는 오늘 저쪽에서 잘 거니까."

"너무 늦으면 너희 집에서도 걱정하겠지."

료헤이는 한순간 어안이 벙벙해졌다. 이제 오래지 않아 어두워진다는 것, 작년 연말 어머니와 이와무라까지 왔었지만, 오늘 길은 그 서너 배는 된다는 것, 그것을 지금부터 단 혼자서 걸어서 돌아가야 한다는 것, ── 그런 일을 일시에 깨달았던 것이다.

p.46 료헤이는 거의 울음보를 터뜨릴 듯이 되었다. 그러나 울어도 별 수 없다고 생각했다. 울고 있을 때가 아니라고도 생각했다. 료헤이는 젊은 두 인부에게 어색하게 절을 하고는 줄곧 선로를 따라 뛰기 시작했다.

료헤이는 한동안 정신없이 선로 옆을 계속 달렸다. 그러는 사이 품속에 있는 과자 꾸러미가 걸리적거린다고 생각이 되자 그것을 길바닥에 내팽개치는 김에, 나무바닥짚신도 그곳에 벗어 내버렸다. 그러자 얇은 버선 바닥으로 바로 돌멩이가 파고 들었지만 발만큼은 훨씬 가벼워졌다. 료헤이는 왼쪽으로 바다를 느끼면서 가파른 비탈길을 뛰어 올라갔다. 때때로 눈물이 솟구쳐 오르면 저절로 얼굴이 일그러졌다. ── 그것은 억지로 참는다고 하더라도 코만은 쉴 새 없이 킁킁 소리가 났다.

p.47 대나무 숲 곁을 뛰어 빠져나가니, 저녁노을이 진 히가네 산의 하늘도 어느새 붉은 빛이 막 사라져 가고 있었다. 료헤이는 더욱더 불안해졌다. 가던 길과 오는 길이 바뀐 탓인지 경치가 다른 것도 불안했다. 그러자 이번에는 옷마저도 땀에 흠뻑 젖은 것이 신경에 거슬려서 역시 필사적으로 계속 뛰면서 겉옷을 길바닥에 벗어 버렸다.

밀감밭에 이르렀을 무렵, 사방은 점점 어두워지고 있었다. '목숨만 건진다면.' ── 료헤이는 그렇게 생각하며 미끄러져도 넘어져도 달렸다.

가까스로 멀리 저녁 땅거미 속에 마을 밖 공사장이 보였을 때, 료헤이는 한바탕 울고 싶어졌다. 하지만 그때도 울상은 지었지만 끝내 울지 않고 계속 뛰었다.

p.49 료헤이의 마을로 들어서 보니, 이미 양 옆의 집집마다 전등불이 서로 비추고 있었다. 료헤이는 그 전등불에 머리에서 난 땀에서 김이 나는 것을 자신도 똑똑히 알

수 있었다. 우물가에서 물을 긷고 있는 아낙네들이나, 밭일에서 돌아오는 남정네들은 료헤이가 헐떡거리면서 뛰는 것을 보고는 "얘, 왜 그러냐?" 하고들 말을 걸었다. 그러나 료헤이는 말없이 잡화점이랑 이발소랑, 밝은 집 앞을 뛰어 지나갔다.

p.50 료헤이의 집 문간으로 뛰어들었을 때, 료헤이는 마침내 큰 소리로 '으앙' 하고 울음을 터뜨리지 않을 수 없었다. 그 울음소리는 료헤이의 주위로 일시에 아버지와 어머니를 모이게 했다. 특히 어머니는 뭔가 말하면서 료헤이의 몸을 끌어안았다. 그러나 료헤이는 팔다리를 버둥거리며 계속해서 훌쩍거리며 울어 댔다. 그 소리가 너무나 격했던 탓인지 근처 아낙네도 서너 명 어두컴컴한 문간으로 몰려왔다. 부모는 물론이고 그 사람들은 저마다 료헤이가 우는 까닭을 물었다. 하지만 료헤이는 무슨 말을 들어도 마구 울어대는 것 외에는 방법이 없었다. 그 먼 길을 내쳐 달려온 지금까지의 불안함을 돌이켜 보니, 아무리 큰 소리로 계속 울어도 모자랄 것 같은 기분에 휩싸이면서…….

p.51 료헤이는 스물여섯 살 되던 해에 처자식과 함께 도쿄로 왔다. 지금은 한 잡지사 2층에서 교정의 붉은 펜을 쥐고 있다. 그런데 그는 걸핏하면 전혀 아무런 이유도 없는데, 그때의 자신을 떠올리는 적이 있다. 전혀 아무 이유도 없는데? — 현실에 지친 그의 앞에는, 지금도 역시 그때와 마찬가지로 어두컴컴한 숲과 언덕이 있는 길이 아련하게 끊겼다 이어졌다 하고 있다. ……

羅生門 라쇼몽

p.52 어느 날 저녁 무렵의 일이다. 한 사내가 라쇼몽 밑에서 비가 그치기를 기다리고 있었다.

넓은 문 밑에는 이 남자 말고는 아무도 없다. 다만 군데군데 붉은 칠이 벗겨진 커다란 둥근 기둥에 여치가 한 마리 앉아 있다. 라쇼몽이 주작 대로에 있는 이상은, 이 남자 말고도 비를 피하는 이치메 삿갓이나 모미에 두건을 한 사람이 두세 명은 더 있을 듯한 법이다. 그런데 이 남자 말고는 아무도 없다.

p.53 왜냐면 이 2, 3년 교토에는 지진이라든지, 돌풍이라든지, 화재라든지, 기근 따위의 재앙이 계속해서 일어났다. 그래서 도시의 피폐상은 이만저만이 아니다. 옛 기

록에 의하면 불상이나 불구를 부수어서, 그 단청이나 금은박이 붙어 있는 나무를 길바닥에 쌓아 놓고 땔감으로 팔고 있었다고 한다. 도시가 그 모양이니 라쇼몽의 수리 같은 것은 애초부터 버려두고 아무도 거들떠보는 자가 없었다. 그러자 그 황폐해진 틈을 타서 여우와 너구리가 살고, 도둑이 숨어든다. 그리고 마침내는 연고자 없는 송장을 이 문으로 가져와 버리고 가는 습관마저 생겼다. 그래서 해가 지고 나면 모두들 으스스하게 여겨 이 문 근처에는 발걸음을 하지 않게 되어 버렸던 것이다.

p.54 그 대신 이번에는 까마귀가 어디에선지 잔뜩 몰려왔다. 대낮에 보면 그 까마귀가 몇 마리씩 원을 그리며 높다란 치미 주변을 울면서 날아다닌다. 특히 문 위의 하늘이 저녁노을로 붉게 물든 때면, 그것이 깨를 뿌려 놓은 듯이 또렷하게 보였다. 까마귀는 물론 문 위에 있는 송장의 살을 쪼아 먹으러 오는 것이다. ── 하지만 오늘은 시간이 늦은 탓인지 한 마리도 보이지 않는다. 다만 군데군데 허물어져 가는, 그리고 그 갈라진 틈에서 긴 풀이 돋아나 있는 돌계단 위에 까마귀 똥이 점점이 희게 들러붙어 있는 것이 보인다. 사내는 일곱 단 되는 돌계단의 맨 윗단에, 색 바랜 쪽빛 겹옷을 입고 앉아, 오른쪽 뺨에 생긴 커다란 여드름에 신경을 쓰면서 멍하니 비가 내리는 것을 바라보고 있었다.

작자는 앞에서 '사내가 비가 그치기를 기다리고 있었다'라고 썼다.

p.56 그러나 사내는 비가 그친들 특별히 이렇다 할 일도 없었다. 평소 같으면 물론 주인의 집에 돌아가야 만 할 터이다. 그러나 그 주인에게서 4, 5일 전에 해고되었다. 앞에도 썼듯이 당시 쿄토 거리는 상당히 쇠미해져 있었다. 지금 이 사내가 오래도록 섬기고 있던 주인에게서 해고된 것도 실은 이 쇠미의 작은 여파에 지나지 않는다. 그러니 '사내가 비가 그치기를 기다리고 있었다'라기 보다도 '비를 만난 사내가 갈 곳이 없어서 어찌할 바를 모르고 있었다'라고 하는 편이 적절하겠다. 그런데다 오늘의 날씨도 이 헤이안 시대 사내의 센티멘털리즘에 적잖이 영향을 미쳤다. 신시가 지나서부터 내리기 시작한 비는 아직도 그칠 기미가 없다. 그래서 사내는 무엇보다도 당장 내일 생활을 어찌해 보려고 ── 말하자면, 어떻게 되지도 않을 일을,

p.57 어찌해 보려고 밑도 끝도 없는 생각에 빠져서 아까부터 스자쿠 대로에 내리는 빗소리를 귓결에 듣고 있었던 것이다.

비는 라쇼몽을 감싸며 멀리에서 '쏴아' 하는 소리를 몰아온다. 땅거미는 점차 하늘을 낮게 만들어, 위를 올려다보니 문의 지붕이 비스듬히 튀어나온 기와 끝에 묵직하고 어

두컴컴한 구름을 받치고 있다.

어떻게 되지도 않을 일을 어찌해 보기 위해서는 수단을 가리고 있을 여유란 없다. 수단을 가리고 있다가는 담장 밑이나 길가 흙 위에서 굶어 죽을 뿐이다. 그리고 이 문 위로 옮겨져 개처럼 버려지고 말 뿐이다. 수단을 가리지 않는다면 — 사내의 생각은 몇 번이나 똑같은 길을 왔다 갔다 한 끝에야 간신히 이 결론에 봉착했다. 그러나 이 '한다면'은 언제까지라도 결국 '한다면'이었다.

p.58 사내는 수단을 가리지 않는다는 것을 긍정하면서도, 이 '한다면'의 결말을 내기 위해서 당연히 그 뒤에 나와야 할 '도둑이 되는 수밖에 방법이 없다'는 것을 적극적으로 긍정할 만큼의 용기가 나지 않고 있었던 것이다.

사내는 큰 소리로 재채기를 하고 나서 그리고 지겹다는 듯이 일어났다. 저녁 공기가 쌀쌀한 쿄토는 벌써 화로가 그리울 정도로 춥다. 바람은 문의 기둥과 기둥 사이를 땅거미와 함께 거리낌 없이 불어친다. 붉은 칠의 기둥에 앉아 있던 여치도 벌써 어디론가 가 버렸다.

사내는 목을 움츠리면서 누런 땀받이옷에 걸쳐 입은 쪽빛 겹옷의 어깨를 올리며 문 주변을 둘러보았다. 비바람 걱정이 없는, 남의 눈에 뜨일 염려가 없는, 하룻밤 편하게 누울 수 있을 만한 곳이 있으면 그곳에서 어찌 되었든지 밤을 새우자고 생각했기 때문이다.

p.59 그러자 마침 문 위의 망루로 오르는 폭넓은, 이 또한 붉은 칠이 된 사다리가 눈에 띄었다. 이 위쪽이라면 사람이 있다 하더라도 어차피 송장뿐이다. 사내는 그래서 허리에 찬 칼집에서 칼이 빠져 나가지 않도록 주의를 하면서 짚신을 신은 발로 그 사다리의 맨 아랫단을 밟았다.

그로부터 몇 분인가 뒤의 일이다. 라쇼몽의 망루 위로 통하는 폭넓은 사다리 가운데에서 한 남자가 고양이처럼 몸을 웅크리고 숨을 죽이며 위쪽 상황을 엿보고 있었다. 망루 위에서 비치는 불빛이 희미하게 그 남자의 오른쪽 뺨을 적시고 있다. 짧은 수염 속에 벌겋게 고름집이 잡힌 여드름이 난 뺨이다. 사내는 처음부터 이 위에 있는 사람은 송장뿐이라고 대수롭지 않게 여기고 있었다. 그랬는데, 사다리를 두세 단 올라가 보니, 위에서 누군가가 불을 켜고, 게다가 그 불을 이리저리 움직이고 있는 것 같다.

p.60 이것은 그 흐릿한 노란 빛이 구석구석 거미줄이 쳐진 천장에 흔들거리며 비쳤기 때문에 금방 알아차릴 수 있었던 것이다. 이 비오는 밤에, 이 라쇼몽 위에서 불을

켜고 있는 것을 보면 어쨌든 보통 놈은 아니다.

사내는 도마뱀붙이처럼 발소리를 죽이고, 간신히 가파른 사다리를 맨 윗단까지 기듯이 다 올라갔다. 그리고 몸을 가능한 한 납작하게 하고서, 목을 될 수 있는 대로 앞으로 내밀고 조심조심 망루 안을 들여다보았다.

p.61 그러자, 망루 안에는 소문으로 들은 대로 몇 구의 시체가 아무렇게나 버려져 있는데, 불빛이 미치는 범위가 생각보다 좁아서 숫자는 얼마나 되는지 알 수 없다. 다만 희미하게나마 알 수 있는 것은 그 안에 벌거벗은 시체와 옷을 입은 시체가 있다는 것이다. 물론 그중에는 여자도 남자도 섞여 있는 것 같다. 그리고 그 시체는 모두 그것이 지난날에는 살아 있던 인간이었다는 사실조차 의심스러울 정도로, 흙을 개어 만든 인형처럼 입을 벌리고 있기도 하고 손을 뻗고 있기도 하며 데굴데굴 바닥 위에 뒹굴고 있었다. 게다가 어깨라든지 가슴 같은 높은 부분에 희미한 불빛을 받아, 낮은 부분의 그림자를 한층 어둡게 하면서 영원히 벙어리처럼 침묵하고 있었다.

p.62 사내는 그 시체들의 썩어 문드러진 냄새에 자신도 모르게 코를 막았다. 그러나 그 손은 다음 순간에는 이미 코를 막는 것을 잊고 있었다. 어떤 강렬한 감정이 거의 송두리째 이 남자의 후각을 앗아가 버렸기 때문이다.

사내의 눈은 그때 비로소 그 시체 가운데 웅크리고 있는 사람을 보았다. 적갈색 옷을 입은, 키가 작고 말라빠진 백발의, 원숭이 같은 노파다. 그 노파는 오른손에 불을 붙인 소나무 조각을 들고, 그 시체 중의 한 얼굴을 들여다보듯이 바라보고 있었다. 머리카락이 긴 것을 보니, 아마 여자의 시체리라.

사내는 6할의 공포와 4할의 호기심에 발동되어 잠시 동안은 숨 쉬는 것조차 잊어버리고 있었다. 옛 기록의 기자의 말을 빌린다면 '온몸의 털이 거꾸로 서는' 듯한 느낌이 들었다. 그러자 노파는

p.63 소나무 조각을 마룻바닥 틈에다 끼우고, 이번에는 지금까지 바라보던 시체의 목에 양손을 대고서, 마치 원숭이 어미가 원숭이 새끼의 이를 잡아 주듯, 그 긴 머리카락을 한 올씩 뽑기 시작했다. 머리카락은 손놀림을 따라 빠지는 모양이다.

그 머리카락이 한 올씩 빠짐에 따라, 사내의 마음에서는 공포가 조금씩 사그라져 갔다. 그리고 그와 동시에 이 노파에 대한 격심한 증오가 조금씩 생기기 시작했다. ―아니, 이 노파에 대한, 이라고 말한다면 어폐가 있을지도 모르겠다. 오히려 온갖 악에 대한 반감이 순간마다 강도를 더해 오는 것이었다. 이때, 누군가가 이 사내에게 조금

전 문 밑에서 이 남자가 생각하던, 굶어 죽을 것이냐 도둑이 될 것이냐 하는 문제를 다시 끄집어내었다면, 아마 사내는 아무런 미련도 없이 굶어죽기를 선택했을 것이다. 그럴 정도로 이 남자가 악을 증오하는 마음은, 노파가 마룻바닥에 꽂아 놓은 소나무 조각처럼 맹렬하게 타오르기 시작했던 것이다.

p.64 사내는 물론 무엇 때문에 노파가 송장의 머리카락을 뽑는지 알지 못했다. 따라서 합리적으로는, 그것을 선악의 어느 쪽으로 정리해야 좋을지 몰랐다. 그러나 사내에게는, 이 비 오는 밤에, 이 라쇼몽 위에서, 송장의 머리카락을 뽑는다는 것은, 그것만으로도 이미 용서할 수 없는 악이었다. 물론 사내는 좀 전까지 자신이 도둑이 될 마음이었다는 것 따위는 벌써 잊어버린 것이다.

그래서 사내는 양다리에 힘을 주고 갑자기 사다리에서 위로 뛰어올랐다. 그리고 칼집의 칼에 손을 가져가며, 큰 걸음으로 노파 앞으로 다가갔다. 노파가 놀랐음은 말할 것도 없다.

노파는 흘끗 사내를 보자, 마치 노포에 퉁겨지기라도 한듯 튀어 올랐다.

p.65 "이년, 어딜 가!"

사내는 노파가 시체에 발이 걸리며 허둥지둥 도망치려는 방향을 가로막고 이렇게 호통을 쳤다. 노파는 그래도 사내를 밀치고 나가려 한다. 사내는 또 그것을 가지 못하게 하려고 되밀었다. 두 사람은 시체 가운데서 잠시 말없이 맞잡고 싸웠다. 하지만 승패는 처음부터 뻔했다. 사내는 마침내 노파의 팔을 붙잡아 억지로 그곳에 비틀어 쓰러뜨렸다. 마치 닭 다리처럼 뼈와 가죽뿐인 팔이었다.

"무슨 짓을 하고 있었지? 말해. 말하지 않으면 이거야."

사내는 노파를 밀쳐 버리고, 대뜸 칼의 칼집을 벗기고 흰 무쇠빛을 그 눈앞에 들이대었다. 그러나 노파는 잠자코 있다. 양손을 바들바들 떨면서 어깨를 들썩이며 숨을 몰아쉬며,

p.66 눈을 눈알이 눈꺼풀 밖으로 튀어나올 정도로 크게 뜨고, 벙어리처럼 악착같이 입을 다물고 있다. 이를 보자 사내는 처음으로 명백하게 이 노파의 생사가 전적으로 자기의 의지에 지배되고 있음을 의식했다. 그리고 이 의식은 지금까지 격렬하게 타오르던 증오심을 어느 사이엔가 잠재워 버렸다. 뒤에 남은 것은 오직 어떤 일을 해서 그것이 원만하게 성취되었을 때의 여유로운 자신감과 만족이 있을 뿐이었다. 그래서 사내는 노파를 내려다보며, 약간 목소리를 누그러뜨려 이렇게 말했다.

"나는 케비이시의 관리 따위는 아니다. 지금 막 이 문 밑을 지나던 나그네다. 그러니 너를 오랏줄로 묶어서 어쩌지는 않아. 그저, 이 시간에 이 문 위에서 무엇을 하고 있었는지, 그것을 나한테 말하기만 하면 되는 거야."

p.67 그러자 노파는 부릅뜨고 있던 눈을 한층 크게 뜨고 빤히 사내의 얼굴을 쳐다보았다. 눈꺼풀이 벌개진 독수리와 같은 날카로운 눈으로 쳐다본 것이다. 그리고 주름살로 거의 코와 한덩이를 이룬 입술을 무엇인가를 씹는 듯이 움직였다. 가느다란 목으로, 뾰족한 목젖이 움직이는 것이 보인다. 그때, 그 목구멍에서 까마귀가 우는 듯한 목소리가 쌔근쌔근거리며 사내의 귀로 전해져 왔다.

"이 머리카락을 뽑아서 말이지, 이 머리카락을 뽑아서 말이야, 가발을 만들려는 거야."

사내는 노파의 대답이 의외로 평범한 데에 실망했다. 그리고 실망과 동시에 다시금 조금 전의 증오가 냉랭한 모멸과 함께 마음 속으로 밀려왔다. 그러자 그런 기색이 상대방에게도 전해졌던 모양이다. 노파는 아직도 한손에 시체 머리에서 뽑은 긴 머리카락을 든 채로, 두꺼비가 중얼거리는 것 같은 목소리로, 더듬거리며 이런 말을 했다.

p.69 "정말, 송장의 머리카락을 뽑는 것은 어느 정도 나쁜 짓인지도 모르지. 하지만 여기 있는 송장들은 모두 그 정도 일은 당해도 싼 인간들뿐이라고. 지금 내가 방금 머리를 뽑은 여편네 같은 건 말이야, 뱀을 네 치만큼씩 잘라 말린 걸 생선포라면서 위병대기소에 팔러 다녔단 말야. 역병에 걸려서 죽지 않았다면 지금도 팔러 다녔을 걸. 그것도 말야, 이 여편네가 파는 생선포는 맛이 좋다고 하면서 위병들이 거르지 않고 반찬거리로 사갔다지 뭐야. 나는 이 여편네가 한 짓을 나쁘다고 생각하진 않아. 안 그러면 굶어 죽을 테니 하는 수 없이 한 짓이겠지. 그러니까, 지금 또 내가 하는 짓도 나쁜 짓이라고는 생각하지 않아. 이짓도 역시 하지 않으면 굶어 죽을 테니 어쩔 수 없이 하는 짓이구먼. 그러니 그 어쩔 도리가 없다는 사정을 잘 아는 이 여편네는 아마 내가 하는 짓도 너그럽게 보아 줄 거야."

p.70 노파는 대략 이런 의미의 말을 했다.

사내는 칼을 칼집에 꽂고 그 칼의 손잡이를 왼손으로 누르며, 냉담하게 이 이야기를 들었다. 물론 오른손으로는 벌겋게 뺨에 화농이 된 큼직한 여드름을 만지작거리며 듣고 있었던 것이다. 그런데 이 이야기를 듣고 있는 동안 사내의 마음에는 어떤 용기가 생겨났다. 그것은 조금 전 문 밑에서는 이 남자에게 결여되어 있던 용기였다. 그리고 또 조금 전 이 문 위로 올라와 이 노파를 붙잡았을 때의 용기와는 전혀 반대 방향으로 움직이려는 용기이다. 사내는 굶어 죽을 것이냐 도둑이 될 것이냐로 망설이지 않았던 것뿐만이 아니다. 그 순간의 이 사내의 심경으로 말한다면, 굶어 죽는 일 따위는 거의 생각조차 할 수 없을 정도로 의식 밖으로 내쫓겨 있었다.

p.71 "틀림없이 그런가?"
노파의 말이 끝나자, 사내는 비웃는 듯한 목소리로 다짐했다. 그리고 한 발짝 앞으로 나서더니, 갑자기 오른손을 여드름에서 떼어 노파의 목덜미를 움켜쥐면서 물어뜯을 듯이 이렇게 말했다.
"그렇다면 내가 노상강도를 한다 해도 원망하지 않겠지? 나도 그렇게 하지 않으면 굶어 죽을 몸이거든."
사내는 재빨리 노파의 옷을 벗겨냈다. 그리고 발치에 매달리려는 노파를 거칠게 시체 위로 걷어차서 쓰러뜨렸다. 계단 앞까지는 겨우 다섯 발짝을 셀 정도다. 사내는 벗겨낸 적갈색 옷을 겨드랑이에 끼고 눈 깜짝할 사이에 가파른 계단을 어둠 속으로 뛰어내렸다.

p.73 한동안 죽은 듯이 쓰러져 있던 노파가 시체 가운데서 그 벌거벗은 몸을 일으킨 것은 그로부터 잠시 후의 일이다. 노파는 중얼거리는 듯한, 신음하는 듯한 소리를 내면서 아직도 타고 있는 불빛에 의지해 사다리 앞까지 기어갔다. 그리고 거기에서 짧은 백발을 거꾸로 해서 문 아래를 들여다보았다. 밖에는 오직 칠흙 같은 밤이 있을 뿐이다.
사내의 행방은 아무도 모른다.

蜘蛛の糸 거미줄

p.74 1

어느 날의 일입니다. 부처님은 극락의 연못가를 혼자서 어슬렁어슬렁 걸어다니고 계셨습니다. 연못 가운데 피어 있는 연꽃은 모두 옥과 같이 새하얗고, 그 한가운데에 있는 금빛 꽃술에서는 뭐라 형언할 수 없는 좋은 향기가 끊임없이 사방으로 넘치고 있습니다. 극락은 마침 아침이었습니다.

p.75 이윽고 부처님은 그 연못가에 멈추어 서시어, 수면을 뒤덮고 있는 연잎 사이로 문득 아래쪽 광경을 바라보셨습니다. 이 극락의 연못 밑은 마침 지옥 바닥에 해당되었으므로, 수정 같은 물을 통해서, 삼도천이며 바늘산의 광경이, 마치 만화경을 보듯 똑똑히 보이는 것이었습니다.

그러자 그 지옥 바닥에, 칸다타라는 한 사나이가 다른 죄인들과 함께 꿈틀거리는 모습이 눈에 띄었습니다. 이 칸다타라는 사나이는, 사람을 죽이기도 하고 집에다 불을 지르기도 하며, 온갖 나쁜 짓을 저질렀던 대도(大盜)이지만, 그래도 오직 한 가지 좋은 일을 한 기억이 있습니다. 이야기인 즉슨, 언젠가 이 사나이가 깊은 숲속을 지나가는데 작은 거미 한마리가 길가를 기어가는 것이 보였습니다. 그래서 칸다타는

p.76 당장 발을 들어 밟아 죽이려 했습니다만, '아니지 아니야, 이것도 미물이지만 목숨이 있는 것임에 틀림없어. 그 목숨을 함부로 빼앗는다는 것은 아무리 그렇더라도 불쌍해.'라고, 이렇게 갑자기 생각을 바꾸어, 결국 그 거미를 죽이지 않고 살려 주었기 때문입니다.

부처님은 지옥의 모습을 바라보시면서, 이 칸다타에게는 거미를 살려 준 적이 있다는 것을 기억해 내셨습니다. 그래서 그 만큼의 좋은 일을 한 보상으로서, 가능하다면 이 사나이를 지옥에서 구출해 주리라고 생각하셨습니다. 다행히도 곁을 보니, 비취 같은 빛깔을 띤 연잎 위에 극락의 거미가 한 마리, 아름다운 은빛 거미줄을 치고 있습니다. 부처님은 그 거미줄을 살짝 손으로 집으셔서, 옥 같은 백련 사이로 아득히 아래쪽에 있는 지옥 바닥으로 똑바로 그것을 드리우셨습니다.

p.78

2

이쪽은 지옥 바닥의 피의 못에서 다른 죄인들과 함께 떴다 가라앉았다 하고 있던 칸다타입니다. 아무튼 어디를 보아도 깜깜하고, 어쩌다 그 어둠 속에서 어렴풋이 떠올라 있는 것이 있구나 싶으면, 그것은 무시무시한 바늘산의 바늘이 번쩍이는 것이어서, 그 으스스함이란 이를 데 없습니다. 게다가 주변은 무덤 안처럼 적막해서 어쩌다 들리는 것이라곤 오직 죄인들이 내쉬는 가느다란 탄식뿐입니다. 이는 이곳에 떨어져 올 정도의 인간은, 이미 온갖 지옥의 고통에 너무나 시달려서 울음소리를 낼 기력조차 없어졌기 때문이겠지요. 그래서 내로라하는 대도인 칸다타도 역시 피의 못의 피에 목메어 울면서, 마치 다 죽어가는 개구리처럼 그저 허우적거리고만 있었습니다.

p.79 그런데 어느 날의 일입니다. 무심코 칸다타가 고개를 들어 피의 못의 하늘을

쳐다보니, 그 적막한 어둠 속을, 멀고도 먼 하늘 위에서, 은빛 거미줄이, 마치 남의 눈에 뜨일까 두려워하듯이 한 줄기 가늘게 빛나면서 스르르 자기 위로 드리워져 오는 게 아니겠습니까? 칸다타는 이것을 보자 자기도 모르게 손뼉을 치며 기뻐했습니다. 이 줄에 매달려 끝없이 올라가면, 틀림없이 지옥에서 벗어날 수 있음에 틀림없습니다. 아니 잘만 하면 극락에까지 들어갈 수도 있을 것입니다. 그렇게 되면 더 이상 바늘산으로 쫓겨 올라가는 일도 없어지고, 피의 못에 빠지는 일도 있을 리가 없습니다.

p.80 이렇게 생각했으므로 칸다타는 얼른 그 거미줄을 양손으로 단단히 잡고서, 있는 힘을 다해 위로 위로 더듬어 올라가기 시작했습니다. 원래 대도였으므로 이런 일에는 예전부터 상당히 익숙합니다.

그러나 지옥과 극락 사이는 몇 만리나 되기 때문에 아무리 안달해 본들 쉽사리 위로는 나아갈 수 없습니다. 한동안 올라가던 중에 마침내 칸다타도 지쳐서, 이젠 한 뼘도 위로는 올라 갈 수 없게 되어 버렸습니다. 그래서 하는 수 없이 우선 잠시 쉴 양으로, 줄의 중간에 매달린 채 아득히 눈 아래를 내려다 보았습니다.

그랬더니, 열심히 올라온 보람이 있어서, 조금 전까지 자기가 있던 피의 못은 이제는 이미 어느새 어둠의 밑바닥에 가려져 있습니다. 그리고 저 흐릿하게 빛나는 두려운 바늘산도 발밑이 되어 버렸습니다. 이런 식으로 올라가다 보면

p.81 지옥에서 벗어나는 일도 의외로 수월할지도 모릅니다. 칸다타는 양손을 거미줄에 감으면서, 이곳에 온 이래 몇 년이나 낸 적이 없는 목소리로 "됐다, 됐어." 하고 웃었습니다. 그런데 문득 정신이 들어 보니, 거미줄의 아래쪽에는 셀 수도 없는 죄인들이, 자신이 올라온 뒤를 따라서 마치 개미 행렬처럼, 역시 위로 위로 열심히 기어올라오고 있지 않겠습니까? 칸다타는 이것을 보자 놀라움과 무서움으로 한동안은 그저 바보처럼 큰 입을 벌린 채, 눈망울만 굴리고 있었습니다. 자기 한 사람만으로도 끊어질 것 같은 이 가느다란 거미줄이, 어떻게 저렇게 많은 사람의 무게를 견뎌낼 수가 있겠습니까? 만약 만일 중간에서 끊어진다고 하면, 모처럼 여기까지 올라온 이 가장 중요한 자신까지도 원래 있던 지옥으로 거꾸로 쳐박혀 떨어져 버려야만 합니다. 그런 일이 생기면 큰 일입니다.

p.82 그러나 그러는 동안에도 죄인들은 몇 백이고 몇 천이고 깜깜한 피의 못 바닥에서 우글우글 기어올라 가늘게 반짝이는 거미줄을, 일렬을 이루면서 악착같이 올라오고 있습니다. 지금 당장 무슨 수를 쓰지 않으면 줄은 한가운데서 두 동강이 나서 떨

어져 버릴 것이 틀림없습니다.

그래서 칸다타는 큰 소리를 내어 "이봐, 죄인들아. 이 거미줄은 내 거야. 너희들은 도대체 누구에게 물어보고 올라온 거냐. 내려가. 내려가." 하고 호통을 쳤습니다.

그 순간입니다. 지금까지 아무렇지도 않았던 거미줄이 갑자기 칸다타가 매달려 있는 곳에서부터 뚝 하는 소리를 내고 끊어졌습니다. 그러니 칸다타도 견딜 재간이 없습니다. 눈 깜짝할 사이도 없이 바람을 가르며, 팽이처럼 뱅글뱅글 돌면서 순식간에 어둠 속으로 곤두박이치고 말았습니다.

그 자리에는 그저 극락의 거미줄이 반짝반짝 가늘게 빛을 발하며, 달도 별도 없는 하늘 가운데에 짧게 드리워져 있을 뿐입니다.

p.84 3

부처님은 극락의 연못가에 서서 이 자초지종을 가만히 보고 계셨는데, 이윽고 칸다타가 피의 못 바닥으로 돌처럼 가라앉아 버리자, 슬픈 표정을 지으시면서, 다시금 어슬렁어슬렁 걷기 시작하셨습니다. 자신만 지옥에서 빠져나오려는 칸다타의 무자비한 마음이, 그리고 그 심보에 합당한 벌을 받아 원래 있던 지옥으로 떨어져 버린 것이 부처님의 눈으로 볼 때 한심스럽게 여겨졌던 것이겠지요.

p.85 그러나 극락의 연못에 있는 연꽃은 조금도 그런 일에는 개의치 않습니다. 그 옥 같이 흰 꽃은 부처님의 발치에서 흔들흔들 꽃받침을 움직이고, 그 한가운데 있는 금빛 꽃술에서는 뭐라 형언할 수 없는 좋은 향기가 끊임없이 사방으로 넘치고 있습니다. 극락도 이제 낮이 가까워진 모양입니다.

杜子春 두자춘

p.86 1

어느 봄날 해질 무렵입니다.

당나라 수도 낙양의 서문 밑에 멍하니 하늘을 쳐다보고 있는 한 젊은이가 있었습니다.

젊은이의 이름은 두자춘이라 하는데, 원래는 부잣집 아들이었으나, 지금은 재산을 모두 탕진해 하루하루의 생활마저 어려울 정도로 가련한 처지가 되어 있는 것입니다.

p.87 아무튼 그 무렵의 낙양으로 말하자면, 천하에서 으뜸가는 지극히 번성한 도시였으므로, 거리는 여전히 끊임없이 사람과 수레가 지나다니고 있었습니다. 문 가득히 비추고 있는 기름 같은 저녁 햇살 속에, 노인이 쓴 비단 모자라든지, 터키 여인의 금 귀고리라든지, 백마에 장식한 색실 고삐가, 끊임없이 지나가는 광경은 마치 그림 같이 아름답습니다.

그러나 두자춘은 여전히 문의 벽에 몸을 기대고 멍하니 하늘만 바라보고 있었습니다. 하늘에는 벌써 가느다란 달이 하늘하늘 일렁이는 노을 속에 마치 손톱자국이라고 여겨질 정도로 희미하고 뿌옇게 떠 있습니다.

'해는 지고, 배는 고프고, 게다가 이제 어디를 가도 재워 줄 곳은 없을 것 같고 —— 이런 생각을 하며 살아야 할 정도라면 차라리 강에라도 몸을 던져 죽어 버리는 게 나을지도 모르겠군.'

p.88 두자춘은 혼자서 아까부터 이런 종잡을 수 없는 생각을 하염없이 하고 있었던 것입니다.

그러자, 어디에서 왔는지, 갑자기 그의 앞에 발걸음을 멈춘 사시 노인이 있습니다. 그는 석양빛을 받으며, 커다란 그림자를 문에 드리우더니, 빤히 두자춘의 얼굴을 바라보면서,

"너는 무얼 생각하고 있느냐?" 하고 거만하게 말을 걸었습니다.

"저 말입니까? 저는 오늘 밤 잘 데도 없어서, 어떻게 해야 하나 하고 생각하고 있습니다."

노인의 물음이 갑작스러웠기 때문에, 두자춘은 역시 눈을 내리깔고 얼떨결에 정직한 대답을 했습니다.

"그래? 그거 안됐군."

노인은 잠시 뭔가를 생각하는 듯하더니, 이윽고

p.89 거리를 비추고 있는 저녁 햇살을 가리키면서,

"그럼 내가 좋은 걸 하나 가르쳐 주지. 지금 이 석양 속에 서서, 네 그림자가 땅에 비치거든, 그 머리에 해당하는 곳을 밤중에 파 보거라. 틀림없이 수레에 그득할 황금이 묻혀 있을 테니까."

"정말입니까?"

두자춘은 깜짝 놀라서 내리뜨고 있던 눈을 들었습니다. 그런데 더욱 기이한 것은, 그 노인은 어디로 갔는지, 이미 주위에는 그 비슷한 그림자도 모습도 보이지 않습니다.

그 대신 하늘의 달빛은 아까보다도 한층 희어지고, 쉴 새 없이 지나가는 거리의 사람들 위로는 어느새 성급한 박쥐가 두세 마리 훨훨 날고 있었습니다.

p.90 2

두자춘은 하루 아침에 낙양 거리에서도 으뜸 가는 큰 부자가 되었습니다. 그 노인의 말대로 저녁 햇살에 그림자를 드리우고, 그 머리에 해당하는 곳을 밤중에 몰래 파 보았더니, 큰 수레에 넘칠 정도로 황금이 한 무더기 나왔던 것입니다.

큰 부자가 된 두자춘은 당장 멋진 집을 사서, 현종 황제에게도 뒤지지 않을 정도로 사치스러운 생활을 하기 시작했습니다. 난릉의 술을 사오게 하고, 계주의 용안육을 사들이기도 하고, 하루에 네 번 색이 변하는 모란을 뜰에 심게 하기도 하고, 흰 공작을 몇 마리나 놓아기르기도 하고, 옥을 모으기도 하고, 비단옷을 짓게 하기도 하고, 향나무 수레를 만들게도 하고, 상아로 된 의자를 주문하는 등, 그 사치 행각을 일일이 쓰고 있다가는 영영 이 이야기가 끝나지 않을 정도입니다.

p.92 그러자 이런 소문을 듣고서, 지금까지는 길에서 마주쳐도 아는 체도 하지 않던 친구들이 아침 저녁으로 놀러 왔습니다. 그것도 날이 갈수록 수가 불어나서, 반년 정도 흐르는 동안에는, 낙양 거리에서 이름이 알려진 많은 재사와 미인 중에서, 두자춘의 집에 오지 않은 이는 한 사람도 없을 정도가 되고 말았던 것입니다. 두자춘은 이 손님들을 상대로 매일 술잔치를 벌였습니다. 그 술잔치가 또한 얼마나 대단했는지는 도저히 말로는 다 할 수 없습니다. 아주 요약한 것만 말씀드려도, 두자춘이 금술잔에다 서양에서 들여온 포도주를 따르고, 천축 출신의 마술사가 칼을 삼켜 보이는 재주를 넋을 잃고 보고 있노라면, 그 주위에는 스무 명의 여인들이, 열 명은 비취로 만든 연꽃을, 열 명은 마노로 된 모란꽃을 각각 머리에 장식하고서 피리와 거문고를 흥겹게 연주하고 있는 식의 광경입니다.

p.93 그러나 아무리 큰 부자라 할지라도 돈에는 한도가 있게 마련이므로, 역시 사치하던 두자춘도, 한 해 두 해 지나는 사이에 점점 가난해지기 시작했습니다. 그러자 사람이란 몰인정한 것으로, 어제까지는 매일 찾아오던 친구들도 오늘은 문 앞을 지나면서조차 인사 한번 없이 갑니다. 더구나 마침내 3년째 되던 봄, 또 다시 두자춘이 예전처럼 땡전 한 푼 없는 신세가 되고 보니, 넓은 낙양 거리에서도 그에게 잘 곳을 빌려주겠다는 집은 한 집도 없게끔 되었습니다. 아니, 잘 곳을 빌려주기는커녕 이제는 물 한 사발조차 베풀어 주는 이가 없는 것입니다.

그래서 두자춘은 어느 날 저녁, 다시 한번 그 낙양 서문 밑으로 가서, 멍하니 하늘을 바라보면서 어찌할 바를 모르고 서 있었습니다. 그러자 또 옛날처럼 사시 노인이 어디선가 나타나,

p.94 "너는 무얼 생각하고 있느냐?" 하고 말을 걸지 않겠습니까?

두자춘은 노인의 얼굴을 보자, 부끄러운 듯이 아래쪽을 내려다 본 채, 잠시 동안 대답도 하지 않았습니다. 그러나 노인은 그날도 친절하게 똑같은 말을 되풀이하므로, 이쪽에서도 전과 마찬가지로,

"저는 오늘 밤 잘 곳도 없어서, 어떻게 해야 하나 하고 생각하고 있습니다." 하고 조심스럽게 대답을 했습니다.

p.95 "그래? 그거 안됐군. 그럼 내가 좋은 걸 하나 가르쳐 주지. 지금 이 석양 속에 서서, 너의 그림자가 땅에 비치거든, 그 가슴에 해당하는 곳을 밤중에 파 보거라. 틀림없이 수레에 그득할 황금이 파묻혀 있을 테니까."

노인은 이렇게 말하는가 싶더니, 이번에도 또 인파 속으로 사라지듯이 숨어 버렸습니다.

두자춘은 그 다음날부터 이내 천하 제일의 큰 부자로 돌아갔습니다. 그와 동시에 여전히 마음 내키는 대로 사치를 부리기 시작했습니다. 뜰에 핀 모란꽃, 그 가운데 잠들어 있는 흰 공작, 그리고 칼을 삼켜 보이는 천축에서 온 마술사 ── 모두가 예전 그대로입니다.

그래서 수레에 그득하게 있던, 그 막대한 황금도 또 다시 3년 정도 지나는 사이에 몽땅 없어지고 말았습니다.

p.96

3

"너는 무얼 생각하고 있느냐?"

사시 노인은 세 번째로 두자춘 앞에 와서 똑같은 것을 물었습니다. 물론 그는 그때도 낙양 서문 밑에서, 가느다랗게 저녁노을을 가르고 있는 초승달 빛을 바라보며 멍하니 서 있었던 것입니다.

"저 말입니까? 저는 오늘 밤 잘 곳도 없어서, 어떻게 할까 하고 생각하고 있습니다."

"그래? 그거 안됐군. 그럼 내가 좋은 걸 가르쳐 주지. 지금 이 석양 속에 서서, 너의 그림자가 땅에 비치거든 그 배에 해당하는 곳을 밤중에 파 보거라. 틀림없이 수레에 그득할 ──."

p.97 노인이 여기까지 말을 하자 두자춘은 갑자기 손을 들어 그 말을 가로막았습니다.

"아니, 돈은 이제 필요 없습니다."

"돈은 이제 필요 없다? 아하, 그럼 사치 부리는 데 마침내 싫증 나 버린 모양이군."

노인은 의아스러운 눈빛으로 가만히 두자춘의 얼굴을 응시했습니다.

"아니, 사치에 싫증 난 게 아닙니다. 인간이라는 것에 정나미가 떨어진 것입니다."

두자춘은 불만스런 얼굴을 하면서 무뚝뚝하게 이렇게 말했습니다.

"그거 재미있군. 어째서 또 인간에게 정나미가 떨어졌느냐?"

p.98 "인간은 모두 몰인정합니다. 제가 큰 부자가 되었을 때는 간살도 떨고 아첨도 하지만, 일단 가난뱅이가 되어 보십시오. 다정한 얼굴조차도 지어 보여주지 않습니다. 그런 걸 생각하면, 설령 다시 한번 큰 부자가 된다 한들, 아무 소용이 없을 것 같은 생각이 듭니다."

노인은 두자춘의 말을 듣자 갑자기 싱글벙글 웃기 시작했습니다.

"그런가. 아니, 자네는 젊은이답지 않게 기특하게 사리를 아는 사내야. 그럼 이제부터는 가난하더라도 마음 편히 지낼 생각인가?"

두자춘은 조금 주저했습니다. 하지만 금방 결심이 선 눈을 들어 호소하듯이 노인의 얼굴을 바라보면서,

p.99 "그 역시 지금의 저에게는 불가능합니다. 그러니 저는 당신의 제자가 되어 선술 수업을 했으면 합니다. 아니, 감추시면 안 됩니다. 당신은 도가 높은 신선이시지요? 신선이 아니라면 하룻밤 사이에 저를 천하 제일의 큰 부자로 만들 수는 없을 겁니다. 제발 저의 스승님이 되어 신기한 선술을 가르쳐 주십시오."

노인은 눈살을 찌푸린 채 한동안 잠자코 무엇인지 생각하고 있는 듯하더니, 마침내 다시금 빙긋 웃으면서,

"과연 나는 아미산에 살고 있는 철관자라는 신선이다. 처음 네 얼굴을 보았을 때, 어딘지 이해력이 좋을 듯해서 두 번씩이나 큰 부자로 만들어 주었던 건데, 그처럼 신선이 되고 싶다면 내 제자로 삼아 주마." 하고 흔쾌히 소원을 들어주었습니다.

p.100 두자춘은 이만저만 기뻐한 것이 아닙니다. 노인의 말이 아직 끝나기도 전에, 그는 땅바닥에 머리를 조아리고 몇 번이나 철관자에게 절을 했습니다.

"아니, 그런 인사 따위는 받지 않겠어. 아무리 내 제자로 삼았다고 한들, 훌륭한 신

선이 될 수 있느냐 없느냐는 너 하기에 달려 있으니까. — 하지만, 아무튼 우선 나와 함께 아미산 속으로 가 보거라. 옳지, 다행히 여기에 대나무 지팡이가 하나 떨어져 있구나. 그럼 당장 이걸 타고 한번에 날아서 하늘을 건너가기로 하자."

철관자는 그곳에 있던 푸른 대나무 하나를 주워 올리더니, 입속으로 주문을 외면서 두자춘과 함께 그 대나무에 말을 타듯 올라탔습니다. 그러자 이런 신기한 일이 있을까요? 대지팡이는 금방 용처럼 기세 좋게 하늘로 날아올라, 맑게 갠 봄날 저녁 하늘을 아미산 쪽으로 날아갔습니다.

p.102 두자춘은 간이 콩알만해져서 조심스레 아래를 내려다보았습니다. 그러나 아래쪽은 그저 푸른 산들이 저녁 어스름 속에 보일 뿐, 저 낙양 거리의 서문은 (벌써 저녁노을에 잠겨 버린 것이겠지요.) 어디를 찾아도 보이지 않습니다. 그러는 사이에 철관자는 백발을 바람에 휘날리며 소리 높여 노래를 부르기 시작했습니다.

아침에는 발해에서 노닐고, 저녁에는 창오에 머무르노라.
소매 안에 푸른 뱀을 품고, 기분이 웅대해져 저 멀리 가노라.
세 번이나 악양에 들어도, 누구도 알지 못하리라.
목청 돋우어 시를 노래하며, 동정호 위를 유유히 날아 지나가노라.

p.103

4

두 사람을 태운 푸른 대나무는 이윽고 아미산에 내려앉았습니다.

그곳은 깊은 골짜기에 면한 폭넓은 한 통바위 위였는데, 굉장히 높은 곳인 듯, 하늘 가운데 드리운 북두칠성이 밥공기 정도의 크기로 빛나고 있었습니다. 애초부터 인적이 끊긴 산이므로 주위는 쥐 죽은 듯이 조용해서, 귀에 들려오는 것이라곤 겨우 뒤쪽 절벽에 자라 있는 구불구불한 한 그루의 소나무가 윙윙 하고 밤바람에 우는 소리뿐입니다.

두 사람이 이 바위 위에 도착하자, 철관자는 두자춘을 절벽 아래에 앉히고,

p.104 "나는 지금부터 천상으로 가 서왕모님을 뵙고 올테니, 너는 그동안 여기 앉아서 내가 돌아오기를 기다려라. 아마 내가 없어지면 온갖 마성이 나타나 너를 홀리려 할 텐데, 설령 어떤 일이 일어나도 결코 소리를 내면 안 된다. 만일 한 마디라도 말을 했다간, 너는 절대 신선이 될 수 없을 것이라 각오를 해라. 알겠느냐? 천지가 쪼개지더라도 입을 다물고 있어야 한다."고 말했습니다.

"문제없습니다. 결코 소리 따위는 내지 않겠습니다. 목숨이 끊어지더라도 아무 소리

도 내지 않겠습니다."

"그래. 그 말을 듣고 나도 안심했다. 그럼 나는 다녀올 테니."

p.105 노인은 두자춘에게 작별을 고하자, 다시금 그 대지팡이에 올라타 밤눈에 보기에도 깎아지른 듯한 산 위로 일직선으로 사라져 버렸습니다.

두자춘은 단 홀로 바위 위에 앉은 채, 조용히 별을 바라보고 있었습니다. 그러자 그럭저럭 한 시간 가량 지나, 깊은 산속의 밤공기가 싸늘하게 얇은 옷에 스며들 무렵, 갑자기 공중에서 소리가 나며,

"거기 있는 건 웬 놈이냐?" 하고 호통을 치는 게 아니겠습니까?

그러나 두자춘은 신선이 일러준 대로 아무런 대답도 하지 않고 있었습니다.

그러자 다시 조금 후에 역시 같은 목소리가 울리며,

"대답을 하지 않으면 당장 목숨이 없어질 각오해라." 하고 무섭게 으르대는 것입니다.

p.106 두자춘은 물론 잠자코 있었습니다.

그러자 어디에서 올라왔는지, 번쩍번쩍 눈을 번득거리는 호랑이 한 마리가 홀연히 바위 위로 뛰어오르더니, 두자춘의 모습을 노려보면서 한번 소리 높이 울부짖었습니다. 뿐만 아니라, 그와 동시에 머리 위의 소나무 가지가 심하게 버석버석 흔들리는가 싶더니, 뒤쪽 절벽 꼭대기에서 네 말들이 통만한 백사 한 마리가 불꽃 같은 혀를 날름거리며 순식간에 이쪽으로 내려오는 것입니다.

두자춘은 그러나 태연히 눈썹 하나 까딱하지 않고 앉아 있었습니다.

호랑이와 뱀은 하나의 먹이를 노리고 서로 기회라도 엿보는지, 한동안은 서로 노려보는 태세였으나, 이윽고 어느 쪽이 먼저랄 것도 없이 동시에 두자춘에게 덤벼들었습니다. 그러나 호랑이 이빨에 물릴 것이냐, 뱀의 혀에 삼켜질 것이냐, 두자춘의 목숨은 눈 깜짝할 사이에 없어질 것이라 생각한 순간, 호랑이와 뱀은 안개와도 같이 밤바람과 함께 사라지고, 그 자리에는 다만 절벽의 소나무만이

p.107 조금 전과 같이 윙윙 하고 가지를 울리고 있을 뿐입니다. 두자춘은 휴우 하고 안도의 숨을 내쉬면서, 이번에는 어떤 일이 일어날 것인가 하고 마음속으로 기다리고 있었습니다.

그러자 일진의 바람이 몰아쳐, 먹처럼 검은 구름이 온통 그 일대를 뒤덮자마자 엷은 보라빛 번개가 느닷없이 어둠을 둘로 가르고 무시무시하게 천둥이 울리기 시작했습니

다. 아니, 천둥뿐만이 아닙니다. 그와 함께 폭포 같은 비도 갑자기 좍좍 내리기 시작했습니다. 두자춘은 이런 천변 속에 겁도 없이 앉아 있었습니다. 바람 소리, 빗줄기, 그리고 끊이지 않는 번개불 —— 한동안은 제 아무리 아미산이라고 하더라도 뒤집히는 게 아닌가 하고 생각될 정도였는데, 그러던 중에 귀청을 찢는 듯한 큰 천둥소리가 울리는가 싶더니, 허공에 소용돌이치던 검은 구름 속에서 새빨간 한 줄기 불기둥이 두자춘의 머리로 떨어져 내렸습니다.

p.108 두자춘은 저도 모르게 귀를 막으며 통바위 위에 납작 엎드렸습니다. 그러나 곧 눈을 떠 보니 하늘은 이전처럼 맑게 개어 있었고, 건너편에 우뚝 솟은 산들 위에도 밥공기 만한 북두칠성이 역시 반짝반짝 빛나고 있습니다. 그러고 보니, 지금의 큰 폭풍도 그 호랑이나 백사와 마찬가지로 철관자가 없는 틈을 탄 마성의 장난임에 틀림없습니다. 두자춘은 겨우 안심하며 이마의 식은 땀을 닦으면서 다시 바위 위에 고쳐 앉았습니다.

p.109 한데, 그 한숨 소리가 아직 사라지기도 전에, 이번에는 그가 앉아 있는 앞에 금 갑옷을 차려입은, 키가 세 장이나 될 듯싶은 위엄 있는 신장이 나타났습니다. 신장은 손에 삼지창을 들고 있었는데, 갑자기 그 창끝을 두자춘의 가슴팍에 겨누면서 눈을 부릅뜨고 호통치는 것을 듣자니,

p.110 "여봐라, 너는 도대체 누구냐? 이 아미산이라는 산은 천지개벽한 옛날부터 내가 살고 있는 곳이야. 그것도 거리낌 없이 단 혼자서 이곳에 발을 들여놓는 걸 보니 설마 예사 인간은 아니겠지. 자, 목숨이 아깝거든 당장에 대답을 해라." 하는 것입니다.

그러나 두자춘은 노인의 말대로 묵묵히 입을 다물고 있었습니다.

"대답을 안 할 테냐? —— 안 한단 말이지. 좋다. 안 하겠다면 하지 말고 네 마음대로 하거라. 그대신 내 부하들이 너를 갈갈이 찢어 버릴 것이다."

신장은 창을 높이 들어 건너편 산의 하늘에 손짓했습니다. 그러자마자 어둠이 쫙 갈라지더니 놀랍게도 무수한 신병들이 구름처럼 하늘에 그득 찼는데, 그들 모두 창이며 칼을 번뜩이며 당장에라도 이곳으로 한꺼번에 우르르 공격해 오려 하고 있는 것입니다.

p.111 이 광경을 본 두자춘은 저도 모르게 '앗' 하고 소리를 지를 뻔했으나, 곧 다시 철관자의 말을 생각해 내고 기를 쓰고 입을 다물고 있었습니다. 신장은 그가 무서워하지 않는 것을 보자 이만저만 화가 난 것이 아닙니다.

"이 고집불통 놈아. 아무리 해도 대답을 하지 않겠다면, 약속대로 목숨을 빼앗아 주마."

신장은 이렇게 소리 지르자마자 삼지창을 번뜩여 단숨에 두자춘을 찔러 죽였습니다. 그리고 아미산마저 울릴 정도로 껄껄 소리 높여 웃으면서 어디론가 사라져 버렸습니다. 물론 이때에는 이미 무수한 신병도 불어치는 밤바람 소리와 함께 꿈결처럼 사라진 뒤였습니다.

p.112 북두칠성은 또 다시 싸늘하게 통바위 위를 비추기 시작했습니다. 절벽 위의 소나무도 전과 다름없이 윙윙 가지를 울리고 있습니다. 그러나 두자춘은 벌써 숨이 끊어져 누워 그 자리에 나뒹굴고 있었습니다.

5

두자츄의 몸은 바위 위에 벌렁 쓰러져 있었으니, 두자춘의 혼은 조용히 몸뚱이에서 빠져나와 지옥 바닥으로 내려갔습니다.

이승과 지옥 사이에는 암혈도라는 길이 있는데, 그곳은 일년 내내 캄캄한 하늘에 얼음처럼 차가운 바람이 쌩쌩 휘몰아치고 있습니다. 두자춘은 그 바람에 날리며 한동안은 그저 나뭇잎처럼 허공을 떠돌아다녔습니다만, 이윽고 삼라전이라는 현판이 걸린 멋진 궁전 앞으로 왔습니다.

p.113 궁전 앞에 있던 수많은 도깨비들은 두자춘의 모습을 보자마자, 금방 그 주위를 에워싸 계단 앞에 꿇어앉혔습니다. 계단 위에는 임금 한 분이 새까만 옷에 금관을 쓰고 위엄 있게 주위를 노려보고 있습니다. 이것은 이전부터 소문으로 들어온 염라대왕임에 틀림없습니다. 두자춘은 어찌될 것인가 생각하며 두려운 마음으로 그곳에 꿇어앉아 있었습니다.

"여봐라, 너는 무엇 때문에 아미산 위에 앉아 있었느냐?"

p.114 염라대왕의 목소리는 천둥소리처럼 계단 위에서 울려 퍼졌습니다. 두자춘은 얼른 그 물음에 대답하려 했습니다만, 문득 다시 생각난 것은 '절대로 말을 하지 말라.'던 철관자의 경고의 말이었습니다. 그래서 그저 고개를 떨군 채 벙어리처럼 잠자코 있었습니다. 그러자 염라대왕은 들고 있던 쇠로 된 홀을 쳐들고 온 얼굴의 수염을 곤두세우면서,

"너는 여기를 어디라고 생각하느냐? 즉각 대답을 하면 괜찮지만, 그렇지 않으면 지

체 없이 지옥의 가책을 맛보게 해 주겠다."고 위압적으로 야단을 쳤습니다.

하지만 두자춘은 여전히 입술 한번 움직이지 않습니다. 그것을 본 염라대왕은 즉시 도깨비들 쪽을 향해 거칠게 뭔가 명령을 내리자, 도깨비들은 일제히 명령을 받들어 갑자기 두자춘을 잡아끌며 삼라전의 하늘로 날아올랐습니다.

p.115 지옥에는 누구나 알고 있는 바와 같이, 칼의 산과 피의 못 외에도 초열지옥이라는 불꽃 골짜기와, 극한지옥이라는 얼음 바다가 깜깜한 하늘 밑에 늘어서 있습니다. 도깨비들은 그런 지옥 속에 차례차례로 두자춘을 던져 넣었습니다. 그래서 두자춘은 무참하게도 칼에 가슴이 꿰뚫리기도 하고, 불꽃에 얼굴이 타기도 하고, 혀를 뽑히기도 하고, 살가죽이 벗겨지기도 하고, 쇠공이에 찧이기도 하고, 기름 냄비에 볶아지기도 하고, 독사에 골수를 빨아먹히기도 하고, 뿔매에게 눈알을 파먹히기도 하는 등 — 그 고통을 일일이 세고 있다가는 도저히 끝이 없을 정도로 온갖 모진 고통을 당했던 것입니다. 그래도 두자춘은 참을성 강하게 이를 꽉 다문 채 한 마디도 말을 하지 않았습니다.

p.116 이쯤되자 내로라하는 도깨비들도 기가 막혔던 모양입니다. 다시 한번 밤과 같은 하늘을 날아서 삼라전 앞에 돌아오더니, 좀 전처럼 두자춘을 계단 밑에 꿇어앉히면서 궁전 위의 염라대왕에게,

"이 죄인은 아무리 해도 말을 할 기색이 없습니다." 하고 입을 모아 아뢰었습니다.

염라대왕은 눈살을 찌푸리며 한동안 생각에 빠져 있더니, 마침내 무슨 생각이 떠오른듯,

"이 사내의 부모가 축생도에 빠져 있을 터이니, 속히 이곳으로 끌고 오너라" 하고 도깨비 하나에게 분부했습니다.

도깨비는 즉시 바람을 타고 지옥의 하늘로 날아올랐습니다. 그런가 했더니 다시 별이 흐르듯이 두 마리의 짐승을 몰아대면서 사뿐히 삼라전 앞에 내려왔습니다. 그 짐승을 본 두자춘은

p.117 너무나도 놀랐습니다. 왜냐하면 그 두 마리 모두 모습은 볼품없는 깡마른 말이었지만, 얼굴은 꿈에서도 잊지 않은 돌아가신 부모와 같았으니까요.

"여봐라, 네가 무엇 때문에 아미산 위에 앉아 있었는지 바로 자백하지 않으면, 이번에는 너의 부모에게 따끔한 맛을 보여 주겠다."

두자춘은 이렇게 위협을 당해도 여전히 대답을 하지 않고 있었습니다.

"이 불효막심한 놈, 너는 부모가 고통을 당해도 너만 좋으면 된다고 생각하느냐?"
염라대왕은 삼라전도 무너져 내릴 정도로 무시무시한 소리로 호통쳤습니다.
'쳐라. 도깨비들아. 그 두 마리의 짐승을 살이고 뼈고 으깨 버려라."

p.118 도깨비들은 일제히 "옛" 하고 대답하더니, 쇠채찍을 들고 일어나자 사방팔방에서 두 마리의 말을 인정사정 없이 두들겨 팼습니다. 채찍은 휙휙 바람을 가르며 아무데나 가리지 않고 비처럼 말의 살가죽을 때리고 찢습니다. 말은 ── 짐승이 된 부모는 괴로운 듯이 몸을 비틀며, 눈에는 피눈물을 머금은 채, 보고 있을 수 없을 정도로 울부짖어 댔습니다.

"어떠냐? 아직도 너는 자백하지 않겠느냐?"

염라대왕은 도깨비들에게 잠시 채찍질을 멈추게 하고, 다시 한번 두자춘의 대답을 종용했습니다. 이미 그때는 두 마리 말도 살은 터지고 뼈는 으스러져 숨이 막 끊어질 듯이 계단 앞에 엎드려 쓰러져 있었습니다.

p.119 두자춘은 필사적으로 철관자의 말을 떠올리며 굳게 눈을 감고 있었습니다. 그러자 그때 그의 귀에는 거의 목소리라고는 할 수 없을 정도로 희미한 목소리가 들려왔습니다.

"염려하지 말아라. 우리야 어떻게 되든 너만 행복해질 수 있다면 그보다 좋은 일이 어디 있겠니. 염라대왕이 무어라 하시더라도, 말하고 싶지 않은 것은 말하지 말거라."

p.120 그것은 분명 그리운 어머니의 목소리임에 틀림없습니다. 두자춘은 문득 눈을 떴습니다. 그리고 말 한 마리가 힘없이 땅 위에 쓰러진 채 슬픈 듯이 그의 얼굴에 지긋이 눈길을 보내고 있는 것을 보았습니다. 어머니는 이러한 고통 속에서도 아들의 마음을 헤아려, 도깨비들의 채찍에 맞은 것을 원망하는 기색조차 보이지 않는 것입니다. 큰 부자가 되면 입발림 소리를 하고, 가난뱅이가 되면 말도 붙이지 않는 세상 사람들과 비교하면 얼마나 감사한 마음입니까? 얼마나 갸륵한 결심입니까? 두자춘은 노인의 경고도 잊어버리고, 구르듯이 곁으로 뛰어가자 양팔로 반죽음된 말의 목을 끌어안고 눈물을 뚝뚝 흘리면서 '어머니.' 하고 외마디 소리를 질렀습니다. ……

p.121

6

그 소리에 정신을 차려보니, 두자춘은 여전히 저녁 햇살을 받으며 낙양의 서문 밑에 멍하니 서 있는 것이었습니다. 안개 낀 하늘, 하얀 초승달, 끊일 새 없는 사람과 수레의 물결, ── 모든 것이 아직 아미산에 가기 전과 같습니다.

"어떤가? 내 제자가 되었다 한들 도저히 신선이 될 수는 없겠지?"

사시 노인은 미소를 머금으며 말했습니다.

"될 수 없지요. 될 수 없지만, 그러나 저는 될 수 없었던 것도 오히려 마음이 기쁩니다."

두자춘은 아직도 눈에 눈물을 머금은 채 저도 모르게 노인의 손을 잡았습니다.

p.122 "아무리 신선이 된다 한들, 저는 지옥의 삼라전 앞에서 채찍질을 당하는 부모를 보고는 잠자코 있을 수가 없습니다."

"만일 네가 잠자코 있었다면 ── ." 하고 철관자는 갑자기 엄숙한 얼굴이 되어 가만히 두자춘을 바라보았습니다.

"만일 네가 잠자코 있었다면, 나는 그 자리에서 네 목숨을 끊어 버리려고 생각했다. ── 너는 이제 신선이 되고자 하는 소망조차 가지고 있지 않겠지. 큰 부자가 되는 일은 애당초 넌더리가 났을 것이다. 그러니 너는 앞으로 무엇이 되면 좋겠다고 생각하느냐?"

"무엇이 되든, 인간다운 정직한 생활을 할 작정입니다."

p.123 두자춘의 목소리에는 지금까지는 없었던 홀가분한 어조가 깃들어 있었습니다.

"그 말을 잊지 말아라. 그럼 나는 오늘을 마지막으로 두번 다시 너를 만나지 않을 것이니."

철관자는 이렇게 말하는 사이 벌써 걸음을 옮기기 시작했는데, 문득 다시 발걸음을 멈추고 두자춘 쪽을 돌아보고서,

"오, 다행히 지금 생각이 났는데, 나는 태산 남쪽 기슭에 집 한 채를 가지고 있느니라. 그 집을 밭째로 네게 줄 테니 당장 가서 살도록 하거라. 이맘때는 마침 집 주변에 복숭아꽃이 온통 피어 있을 것이야." 하고 아주 유쾌한 듯이 말을 덧붙였습니다.

마음에 깊은 감명을 남기는 문장, 꼭 기억해 두고 싶은 문장을 적어보세요.

다락원 일한 대역문고 – 고급6

아쿠타가와 류노스케의 라쇼몽
芥川龍之介の羅生門

지은이 芥川龍之介
역 주 남철희
펴낸이 정규도
펴낸곳 (주)다락원

초판 1쇄 발행 2008년 3월 3일
초판 5쇄 발행 2025년 4월 16일

책임편집 이경숙, 김윤희
교정 최은정
디자인 이수민, 오연주
일러스트 주영근

경기도 파주시 문발로 211 다락원 빌딩
Tel: (02)736-2031 Fax: (02)732-2037
(내용문의: 내선 460~465 / 구입문의: 내선 250~252)
출판등록 1977년 9월 16일 제406-2008-000007호

ISBN 978-89-5995-364-6 18730 978-89-5995-296-0(set)